# CRÔNICAS DO GOLPE

FELIPE PEÑA

CRÔNICAS DO GOLPE

1ª edição

EDITORA RECORD
RIO DE JANEIRO • SÃO PAULO
2017

CIP-BRASIL. CATALOGAÇÃO NA PUBLICAÇÃO
SINDICATO NACIONAL DOS EDITORES DE LIVROS, RJ

P454c

Pena, Felipe
    Crônicas do golpe – Num grande acordo nacional. Com o Supremo, com tudo / Felipe Pena. – 1ª ed. – Rio de Janeiro: Record, 2017.

    ISBN 978-85-01-11130-2

    1. Brasil – Política e governo – Crônica. 2. Crônica brasileira. I. Título.

17-42623

CDD: 869.8
CDU: 821.134.3(81)-8

Copyright © Felipe Pena, 2017

Capa: Leonardo Iaccarino
Ilustração de capa e quarta capa: Aroeira

Agradecimentos da editora ao jornal *Extra* e ao portal Jornalismo de Resistência, por terem nos cedido gentilmente os textos para reprodução.

Este livro foi revisado segundo o novo Acordo Ortográfico da Língua Portuguesa.

Todos os direitos reservados. Proibida a reprodução, armazenamento ou transmissão de partes deste livro, através de quaisquer meios, sem prévia autorização por escrito.

EDITORA RECORD LTDA.
Rua Argentina, 171 – 3º andar – São Cristóvão
20921-380 – Rio de Janeiro, RJ
Tel.: (21) 2585-2000

Seja um leitor preferencial Record.
Cadastre-se e receba informações sobre nossos lançamentos e promoções.

ISBN 978-85-01-11130-2

Impresso no Brasil
2017

Este livro é dedicado à Maria Antônia.
Que você cresça em um país democrático, minha filha.
Sem golpes.
Sem coerções.
E com respeito ao voto popular.

"Tem que ser um que a gente mata ele antes de fazer a delação."

(Senador Aécio Neves,
indicando o intermediário de uma propina)

"Michel Temer é o chefe da quadrilha mais perigosa do Brasil."

(Joesley Batista,
delator da Lava Jato e dono do frigorífico JBS)

"Há exageros. Às vezes, por questões pequenas, cassamos mandatos. Este tribunal [TSE] está cassando mais do que a ditadura."

(Ministro Gilmar Mendes,
presidente do TSE)

"As ditaduras cassavam quem defende a democracia, e o TSE cassa quem vai contra a democracia(...). Eu, como juiz, recuso o papel de coveiro de prova viva. Posso até participar do velório, mas não carrego o caixão."

(Ministro Herman Benjamim, do TSE,
contrapondo-se a Gilmar Mendes)

"Se acabar o foro, é para todo mundo. Suruba é suruba."

(Senador Romero Jucá)

"O Brasil precisa rever o SUS porque o governo não tem capacidade financeira para suprir todas essas garantias que tem o cidadão."

(Ricardo Barros,
ministro da Saúde no governo Temer)

"Haverão [sic] mudanças, mas essas mudanças não ocorrerão em um curto prazo".

(Mendonça Filho,
ministro da Educação no governo Temer)

SENADOR ROMERO JUCÁ: Tem que resolver essa porra... Tem que mudar o governo pra poder estancar essa sangria.

[...]

EX-SENADOR SÉRGIO MACHADO: Rapaz, a solução mais fácil era botar o Michel [Temer].

JUCÁ: Só o Renan [Calheiros] que está contra essa porra. "Porque não gosta do Michel, porque o Michel é Eduardo Cunha." Gente, esquece o Eduardo Cunha, o Eduardo Cunha está morto, porra.

MACHADO: É um acordo, botar o Michel (Temer), num grande acordo nacional.

JUCÁ: Com o Supremo, com tudo.

MACHADO: Com tudo, aí parava tudo.

JUCÁ: É. Delimitava onde está, pronto.

(Gravação feita dois meses antes do impeachment e só divulgada após o afastamento de Dilma Rousseff da presidência)

# Sumário

| | |
|---|---|
| Apresentação, por Xico Sá | 11 |
| Nota do autor | 13 |
| Não é golpe, é muito pior. | 15 |
| Quem tem medo de Gilmar Mendes? | 17 |
| O juiz que sequestrou um jornalista | 19 |
| Dois juízes e a conta! | 21 |
| O macarthismo brasileiro e a espiral do silêncio | 23 |
| Carta em solidariedade a Michel Temer | 25 |
| Dilma e Michel na alvorada dos apaixonados | 27 |
| Diálogo entre os presidentes T. | 29 |
| O bandido pediu a saída da diretora do presídio | 31 |
| Carta para a filha que não nasceu | 35 |
| Do Felipe de 2016 para o Felipe de 1996 | 37 |
| Alexandre de Moraes no STF é o goleiro Bruno na delegacia da mulher | 39 |
| Escola sem partido: a fábrica de inquisidores medievais | 41 |
| Carta de um ex-deputado para seu neto em 2046 | 43 |
| O cuspe verde-oliva de Jair Bolsonaro | 45 |
| Bolsominions: quem são e do que se alimentam | 47 |
| De Lula para Aécio em 2080 | 49 |
| Como surge um governo autoritário | 51 |
| Saudades da democracia | 53 |
| A manipulação barata de João Dória | 55 |
| O fim do amor entre Tia Eron e Eduardo Cunha | 59 |

| | |
|---|---:|
| Temer e Geddel puxaram o gatilho na Cidade de Deus | 61 |
| A classe social não é definida pela renda (um estudo sobre o golpe) | 63 |
| Alguns projetos de lei que levarão o país de volta ao século XIX | 67 |
| A massa da coxinha é feita de manobra | 69 |
| O ministro da Justiça é a nova mãe Dinah? (Ou a Polícia Federal perdeu autonomia?) | 71 |
| Não há provas contra Lula, só pedaladas jurídicas | 73 |
| Se a luta é entre Moro e Lula, quem é o juiz da luta? | 77 |
| A morte e a morte do jornalismo brasileiro | 83 |
| Devemos Temer Cunha e Bolsonaro | 87 |
| Governo Temer passa a tesoura nos programas sociais | 89 |
| Há fascismo entre as dez medidas propostas pelo MPF | 91 |
| Por que uma saia provoca tanto ódio? | 93 |
| Quem puxa o gatilho da homofobia? | 95 |
| Dez fatos que demonstram o fim da democracia no Brasil | 97 |
| Temer faz a blindagem da blindagem | 99 |
| A ONU ignora Temer | 101 |
| Cenas de estupidez dominical | 103 |
| Quem acidentou Teori? | 105 |
| Peço perdão a Luís de Camões | 107 |
| Não falo mais de política | 111 |
| Como pode ser golpe? — cinco argumentos nas coxas | 113 |
| Cenas de 1968 na ditadura de 2016 | 115 |
| Eduardo Cunha explicado na escola | 119 |
| A condução coercitiva do síndico | 121 |
| A Olimpíada do paradoxo | 123 |
| João Dória criou o risco-prisão para seus amigos | 127 |
| Não vai ter conversa com o Bial | 129 |
| A tomada do Palácio pelo inverno | 133 |
| Um ano depois, o rato pariu a montanha | 143 |
| Posfácio | 147 |
| Agradecimentos e vice-versa | 151 |

# Apresentação

Quando comecei a ler as crônicas deste livro, o golpe era chamado de impeachment, pedalada fiscal era crime hediondo cometido pela "vaca" — como era gentilmente tratada a presidente — e o eco das panelas ainda zumbia nos nossos ouvidos. Por quem dobravam sinos e caçarolas? Por um Brasil limpo da corrupção vermelha, a única praga desta República Federativa abençoada por Deus e bonita por natureza.

O tempo passou na janela e até a Carolina do Chico viu e viveu o drama da tramoia jurídico-parlamentar, em nome de Jesus e das famílias dos Cunhas, Aécios, Maltas e Jucás. A cada nova fita no gravador da história, um fio a mais no novelo golpista. Foi ficando cada vez mais interessante a trama macabra dos bastidores de Brasília.

Leitor de Felipe Pena, acompanhei a sua narrativa desta página manchada da democracia brasileira. Com este livro, temos um importante documento, livre da solenidade chata dos analistas políticos, de um golpismo que dependeu mais das malas de dinheiro do que dos antigos brucutus movidos pelos militares. Um golpe dos tempos modernos.

Segue o jogo. Esteja atento, caro leitor. No momento em que pega o autógrafo do cronista, um presidente da República pode estar comprando o silêncio de mais um dono da boiada.

Boa leitura, amigos.
Xico Sá

# Nota do autor

Todas as crônicas deste livro foram publicadas no jornal *Extra*, entre abril de 2016 — um mês antes do golpe de Estado contra a presidente Dilma Rousseff — e maio de 2017, quando o golpe completou um ano. Só fogem à regra os textos: "A morte e a morte do jornalismo brasileiro", "Não vai ter conversa com o Bial" e "A tomada do palácio pelo inverno", que foram veiculados no portal Jornalismo de Resistência (www.jornalismoderesistencia.com.br).

A ordem não é cronológica, com exceção da primeira crônica, que foi o texto de estreia da coluna "Contra a Corrente" no jornal *Extra*.

A seleção seguiu um único critério, o tema que dá título ao livro.

Orientado pelos editores Carlos Andreazza e Luiza Miranda, escrevi um posfácio para situar o leitor no contexto histórico de algumas crônicas e orientar possíveis pesquisadores sobre o tema. Pelo mesmo motivo, as datas de publicação no jornal foram registradas ao final de cada texto.

## Não é golpe, é muito pior

Você está sendo enganado.

A trapaça narrativa funciona em três etapas. Na primeira, um sujeito pergunta qual é o contrário de preto e alguém responde que é branco. Em seguida, ele pergunta qual é o contrário de claro e alguém responde que é escuro. Por último, o mesmo indivíduo pergunta qual é o contrário de verde, mas ninguém responde, pois, obviamente, não existe.

Só que não é verdade.

O contrário de verde é maduro, embora você não tenha pensado nisso. O problema é que fomos induzidos a pensar em termos cromáticos, esquecendo que um raciocínio mais complexo nos levaria a ver outros lados da questão.

A narrativa do impeachment carrega o mesmo vício.

Repórteres, editores e comentaristas dos principais veículos do país estão conduzindo as reportagens de forma restritiva, para que levem a apenas uma conclusão, a de que o impeachment não é golpe. As edições são realizadas com o objetivo de fazer com que o público acredite nessa tese e, em seguida, pretensos especialistas confirmam o que foi dito para reforçar a crença.

A imprensa brasileira realiza uma condução coercitiva da cognição pública.

Quando um jurista é perguntado se o impedimento da presidente é golpe, ele responde que não, já que o instrumento está previsto na Constituição. Ou seja, é branco, não é preto. Mas se a pergunta vier acompanhada do termo "sem crime de responsabilidade", a resposta será diferente. Nesse caso, como tal crime está sujeito a interpretações, pode ser golpe. E há muitos juristas que afirmam se tratar de um golpe.

Ou seja, o contrário de verde existe e é muito provável que seja a palavra "maduro". E é muito provável que seja um golpe.

O golpe, no entanto, não é apenas na presidente. Se o pensamento da população é conduzido por uma narrativa viciada e massificada, o golpe é em todos nós, que acabamos caindo em uma espiral de concordância acrítica, tratados como boiada, como simples massa de manobra.

Já faz alguns anos que somos inundados com um enredo sobre a crise que culpa apenas um partido. E talvez ele seja culpado, mas será o único? Não deveríamos pensar na responsabilidade do Congresso, dos empresários corruptores, do sistema financeiro e na nossa própria parcela de culpa?

E o que dizer sobre os motivos para o impeachment? Será que estamos informados sobre as tais pedaladas fiscais? Sabemos o que elas significam e por que foram apresentadas como razão para derrubar a presidente? Importa dizer que o processo foi aceito por um presidente da Câmara que é réu no STF e age por vingança? Importa saber que, em caso de impeachment, assume o partido que está há trinta anos no poder e tem diversos envolvidos na operação Lava Jato?

O jornalismo não é o espelho da realidade, como nos fazem acreditar. O jornalismo ajuda a construir a própria realidade através da narrativa dos fatos, que se dá pela escolha de linguagens, entrevistados, ângulos etc. Tais escolhas são feitas por indivíduos que têm preconceitos, juízos de valor e diversos outros filtros. Inclusive o autor deste texto, de quem você deve desconfiar em primeiro lugar.

Não vai ter golpe se você fizer uma crítica constante da informação que recebe.

Não vai ter golpe se você buscar ouvir os diversos lados da questão.

Não vai ter golpe se você descobrir que o contrário de verde não é amarelo.

Nem, muito menos, vermelho.

03 de abril de 2016

## Quem tem medo de Gilmar Mendes?

"Felipe, ele vai te processar e a tua vida vai virar um inferno", disse um amigo, jornalista e editor, quando anunciei o título da crônica.
Imediatamente, desisti de escrevê-la.
Ontem, um ministro do STF abriu os salões de sua casa para comemorar o aniversário de um senador do PSDB que poderá ser réu em um tribunal do qual ele faz parte, mas não escreverei sobre isso.
Ontem, um ministro do STF, que também é presidente do TSE, discutiu a reforma política com delatados na operação Lava Jato, mas não escreverei sobre isso.
Anteontem, o presidente da República nomeou o primo de um ministro do STF para o cargo de diretor da Agência Nacional de Transportes, mas não escreverei sobre isso.
No dia anterior, um ministro do STF relativizou o crime de caixa dois e disse que o ato ilícito era uma opção das empresas, mas não escreverei sobre isso.
Há meses, um ministro do STF vem comentando casos que poderá julgar, quase antecipando votos, o que fere a lei da magistratura, mas não escreverei sobre isso.
Há meses, um ministro do STF, que também é presidente do TSE, participa de jantares no palácio de Michel Temer, que é réu no mesmo TSE e será julgado pelo tal ministro, mas não escreverei sobre isso.
Há anos, um ministro do STF busca os holofotes da mídia e age de forma partidária, mas não escreverei sobre isso.
Meu amigo, o jornalista, tem razão. Ele, que também é editor de um jornal concorrente, me alertou para a ausência de críticas sobre a

conduta do ministro na imprensa nacional e recordou a frase de outro ministro, dita no Palácio Laranjeiras, em 13 de dezembro de 1968, para um presidente militar.

"Às favas com os escrúpulos!", gritou o tal ministro.

O amigo faz questão de lembrar que eram outros tempos. Naquele dia de 1968, estávamos assistindo ao golpe dentro do golpe e vivíamos numa ditadura.

Hoje, não. Hoje, vivemos numa democracia.

Por isso, não escreverei nada.

Às favas com a crônica!

13 de abril de 2017

## O juiz que sequestrou um jornalista

"Tenho Pena dele" é o nome da página no Facebook que minha mulher fez pra mim.

No começo, não achei a ideia boa. Argumentei que não cairia bem perante a minha comunidade, mas acabei cedendo às pressões do amor midiático da minha esposa amada e zelosa.

Como sabem, sou juiz da Liga de Futebol de Várzea, no bairro onde moro. Quando me visto de preto, todos me respeitam e abaixam a cabeça. Apito com força e conhecimento. Sou formado pela Soccer Judge Association, em Harvard, capital intelectual do esporte.

No campo, minhas decisões são rápidas. Não hesito em distribuir cartões vermelhos. Já mandei muita gente para o chuveiro mais cedo. Em alguns casos, deixo o jogador trancado no vestiário por meses até que ele entregue o técnico que o instruiu a entrar de carrinho no adversário. Aí expulso o técnico, o massagista e até o porteiro do clube. Sou o justiceiro da liga.

Os torcedores me amam. Quer dizer, a quase totalidade me ama. Os de amarelo amam um pouco mais. Tiram até selfies comigo quando vou a restaurantes, shows e homenagens. Mas, ano passado, tivemos um pequeno problema de comunicação e minha dileta consorte pediu vênia para fazer a tal página no livro dos rostos.

"Será um desagravo a você", dizia, com uma admiração karnal, ultrapassando a metafísica e querendo me defender de um episódio controverso.

Ela se referia ao fato de eu ter divulgado gravações de conversas com os jogadores durante uma partida. Na época, vazei tudo para a imprensa, mesmo sabendo que era ilegal. O importante era garantir a transparência do jogo através do grampo no meu apito. Mas o pessoal da federação não gostou e puxou a minha orelha. Quer saber? Obrei pra eles.

O problema mesmo é que ficaram irritadinhos porque chamei o capitão do time adversário para uma conversa coercitiva com meus lindos e poderosos bandeirinhas. Nada demais, só uma vasculhada nas gavetas e duas ou três invasões de domicílio para causar um AVC nos familiares.

E ainda fui obrigado a adiar a conversa porque um jornalista cretino vazou a operação. Quem ele pensa que é? Só quem vaza informação nesse jogo sou eu, meu querido. "Vai se arrepender", pensei, e aguardei um ano pra dar o troco. Um ano de paciência, mas a hora do sujeito finalmente chegou.

Hoje, meti uma coercitiva no caboclo. O meliante do microfone foi arrancado de casa pelos meus bandeirinhas musculosos (comandados por um hipster todo trabalhado no fascismo) e conduzido para a sede da federação dos juízes. E ainda levei computadores, celulares, tablets e aquela parafernália eletrônica do blog. Se ele conseguir sair do cativeiro, vai ficar um bom tempo sem trabalhar.

Os colegas do cara nem reclamaram. São todos meus amigos e vivem das informações que vazo para eles. Se não fosse por mim, não teriam notícias. Acha que alguém é louco de me peitar nesse bairro?

O futebol é meu esporte.

Sou o dono da bola e faço as regras aqui na várzea.

Os poucos que não se enquadram enfrentam a fúria de minha esposa.

Esposa, protetora e blogueira.

Entrem na página que ela fez para mim no Facebook.

Hoje, deixei um vídeo para vocês. Amanhã, mostrarei as algemas do cativeiro e as fotos do sequestrado para aumentar o número de *views*.

Eu sei, eu sei: quando um juiz se preocupa com a popularidade, não faz justiça, faz política.

Mas quem se importa?

Isso é apenas futebol.

De bairro.

E de várzea.

22 de março de 2017

## Dois juízes e a conta!

Michel Temer pediu o cardápio. Gilmar Mendes se antecipou ao amigo e o tirou da mão do garçom: "Posso pedir vistas, presidente?"
— Claro, *meretríssimo* — respondeu Michel.
— De entrada, que tal um queijo Gonzaga com lascas de tomate?
— Ótima escolha, Gilmar. Mas esse prato demora muito. Os tomates só estarão maduros no dia 16 de abril. Se quisermos algo para hoje, terá que ser esse outro aqui mesmo — disse, apontando para um queijo mais amargo.
— Calma, Michel. Quem está vendo o cardápio sou eu. Minhas vistas, minhas escolhas. Apenas obedeça.
— Obedecer-te-ei, meu caro. Mas estou com fome. Veja o que temos como prato principal, por favor.
— Taquilpa, Michel. Apressado come cru! Já disse que o pedido de vistas pode demorar o tempo que quisermos. A alta gastronomia é assim, lenta e conservadora.
— Vossa excelência frequenta a alta gastronomia há muito tempo. Eu o respeito. A escolha é sua.
— Então vamos pedir uma pizza de Vieiras.
— Pizza? Mas esse é um prato rápido, Gilmar. E não tem nada a ver com a alta gastronomia.
— Só que a Vieira demora dois meses para cozinhar. Fica pronta apenas em maio e dá um requinte especial à pizza.
— Mas será que podemos esperar tanto?
— Claro que podemos. Como disse, estamos apenas pedindo vistas, Michel.

— Muito bem. Então, deixa que eu pago a conta. Garçooom...!!!!
— Já está paga, Michel.
— Já está? Por quêm?
— Olhe em volta, presidente. São eles que vão pagar.

E soltaram gargalhadas que ecoariam por todo o restaurante até o final de 2018.

31 de março de 2017

# O macarthismo brasileiro
# e a espiral do silêncio

"Felipe, você tem que parar com esse Diário do Golpe no Facebook", aconselha um amigo, muito preocupado com minha carreira. "Vão te boicotar em todas as mídias", acrescenta, para, em seguida, citar roteiristas, escritores e professores que estão numa suposta lista de excluídos que ousaram chamar o processo de impeachment pelo seu verdadeiro nome: golpe.

"Não estou preocupado com isso", respondo.

Falo sobre a inexistência do crime de responsabilidade de Dilma, atestada pelo Ministério Público Federal e pela perícia do Senado.

Menciono as gravações de senadores dizendo que precisavam tirar a presidente para barrar a operação Lava Jato.

E, por último, cito o inciso 39 do parágrafo 5º da Constituição para embasar juridicamente meu argumento.

Mas não adianta. Meu amigo é sincero, só está preocupado comigo, não quer saber de política. Ele próprio apagou postagens em redes sociais para não ser excluído da empresa onde é roteirista. "Eu já desisti", conclui, aliviado.

Com exceção da parte tecnológica, esta parece uma conversa travada na década de 1950. Sinto-me vigiado pelo senador McCarthy em plena guerra fria. Pior ainda, percebo nas palavras de meu amigo a exemplificação da espiral do silêncio, conceito criado pela pesquisadora Noelle-Neumann para explicar como as interações sociais tendem a priorizar opiniões dominantes, ou melhor, opiniões que parecem dominantes, consolidando-as e ajudando a calar as diferenças.

Para Neumann, as pessoas tendem a esconder opiniões contrárias à ideologia majoritária, o que dificulta a mudança de hábitos e ajuda a manter o *status quo*. A opção pelo silêncio é causada pelo medo da solidão social, que se propaga em hélice e, algumas vezes, pode até esconder desejos de mudança presentes na maioria silenciosa. Só que esses desejos acabam sufocados pela espiral do silêncio.

Em outras palavras, as pessoas não são apenas influenciadas pelo que os outros dizem como também pelo que imaginam que eles poderiam dizer. Se acharem que suas opiniões podem não ter receptividade, optam pelo silêncio.

Os golpistas contam com a espiral do silêncio. Meu amigo, que antes era combativo e atuante, foi tragado por ela e busca a integração social através da observação da opinião dos outros, procurando se expressar dentro dos parâmetros que o cercam para evitar o isolamento.

No caso dele, há um agravante: o isolamento também pode ser profissional, o que inviabilizaria o sustento de sua família. É aí que entra a técnica macarthista. Listas ou suposições de listas servem como chantagem para os que ousam nadar contra a corrente.

A ameaça de exclusão alimenta a espiral do silêncio. Ela é o vetor totalitário que perpassa a construção de um falso consenso e constrói a ponte para o passado. Ela é o terror das vozes dissonantes. Ela é o atraso.

O #DiárioDoGolpe é apenas um registro de quem se recusa a ser tragado pela hélice. Será publicado, diariamente, numa timeline perto de você.

18 de julho de 2016

# Carta em solidariedade a Michel Temer

Querido vice,
Só hoje recebi a carta que você enviou para a presidente brasileira em dezembro. Fiquei muito comovido. Como foi cruel o tratamento que vossa excelência recebeu do Planalto. É um absurdo não ser contemplado com os cargos que pediu, com humildade, para seus partidários.

Cargos que agora estão sendo distribuídos entre partidos menores só para manter a atual presidente. Uma prática que seu partido, obviamente, condena, pois suas indicações sempre foram tão técnicas e cristalinas quanto a cabeleira do Moreira Franco.

Sua revolta epistolar me pareceu justa. É apenas coincidência que ela tenha ocorrido justamente após o acolhimento do processo de impeachment pelo companheiro Eduardo Cunha, outro injustiçado neste país que não aceita o direito individual de ter contas na Suíça.

Deve ter sido difícil sofrer calado nos últimos cinco anos em que esteve no cargo, ocupando o palácio do Jaburu, um barraco de segunda categoria que não merece os pés de algodão da sua linda esposa. Aquilo é um verdadeiro castelo de areia. Não valeria um centavo no porto de Santos.

A porção masculina da sociedade entenderá perfeitamente que o senhor foi obrigado a cometer traição diante do que NÃO lhe oferecia a sua companheira de chapa. As mulheres são assim mesmo. Qualquer homem sabe disso: a culpa é delas.

Sem falar nos seus companheiros de partido, que o apoiam num dia e o abandonam no outro. São uns ingratos. Não merecem tocar o tecido italiano de seu terno. Não merecem ouvir seu latim perfeito: são apenas *verba volant*.

Não tema diante daqueles que, falsamente, o acusam de conspirador e dizem que você faria qualquer coisa para se tornar presidente. Só faltam dez dias, você está quase lá.

Eu já passei por tudo isso e hoje estou aqui, confortavelmente instalado na Casa Branca. Siga em frente e não desista.

Sou seu fã.

Abraços decorativos,
Frank Underwood

08 de abril de 2016

## Dilma e Michel na alvorada dos apaixonados

Era uma história de amor muito improvável. Tão improvável como só as verdadeiras histórias são. Um amor de claustro, amor furtivo, amor nas entrelinhas. Um amor construído na alcova, longe dos olhos de todos, para não chocar os incrédulos.

Dilma morava numa cidade periférica. Michel, em uma metrópole. Ela tinha canelas finas e joelhos ralados pela vida no campo. Ele andava de terno, usava relógios caros e frequentava rodas literárias de qualidade duvidosa, embora se declarasse fã de Otto Lara Resende e outros mineiros ilustres, o que era uma afronta para os paulistas, seus fiéis correligionários.

Conheceram-se numa dessas redes sociais. Outra improbabilidade. Quantos amigos em comum são necessários para aproximar duas pessoas tão distantes? Mas o amor virtual é assim: surpreendente, arrebatador. Na rede, primeiro se conhece a caligrafia para depois se conhecer o poema. O perfume vem antes do olfato. As preliminares são o clímax.

Sair do virtual para o real não é um passo, é experiência acumulada. Michel se ofereceu em casamento no primeiro encontro. Porque o verdadeiro apaixonado não pede, se oferece. "Somos um casal perfeito", ele disse. "Temos cumplicidade", ela emendou.

Mas a moça era comprometida, já tinha um pretendente, um bom partido. E que partido! Só não era melhor partido que Michel, embora ele também fosse comprometido. O que fazer, então? A intimidade permitiu críticas mútuas, conselhos, tentativas e drama. Ao contrário da rima, o drama sempre é solução.

Nessa altura, Dilma já ostentava as mudanças inerentes às mulheres que professam suas crenças e tentam ministrar suas vontades. As olheiras escondidas pela maquiagem, as unhas pintadas de vermelho e um cabelo tão bonito que as invejosas juravam se tratar de uma peruca.

Michel também mudou. Emagreceu, tirou o terno e alugou uma cabana na serra para formalizar o pedido. Deitaram-se na rede estendida na varanda, depois de um banho demorado na piscina de água quente que ficava ao lado da sauna a vapor. Ele abriu o champanhe. Ela estendeu as taças.

— Não precisamos de um bom partido. Precisamos um do outro, meu amor — disseram, ao mesmo tempo, como se fosse ensaiado.

E os próprios partidos se deram conta de que não tinham a menor importância diante daquela paixão. A eles restava apenas ceder o tempo para que os noivos pudessem chegar até o altar. Não que fossem esquecidos, pois ainda poderiam contar com a amizade sincera do casal, que seria generoso na hora de cortar o bolo da festa. Sem falar que o buquê teria endereço certo para que qualquer dos outros partidos pudesse se casar na oportunidade seguinte.

Durante a cerimônia, Dilma e Michel se ajoelharam diante do padre barbudo, que também era padrinho e tio da noiva, situação muito comum nos casórios nacionais. Trocaram alianças depois de inúmeras viagens e aventuras pelo país e pelo mundo. E continuariam viajando após o casamento. Afinal, era para isso que estavam juntos.

A cumplicidade os tornou ainda mais próximos. Uma volúpia incontida tomou conta deles assim que entraram na casa presenteada pelos padrinhos. Era a lascívia dos votos matrimoniais, a libido da conquista. Na alvorada, dedicavam-se a pequenos prazeres: morangos com chocolate, *romanée conti*, poemas infantis e longas conversas que entravam pela madrugada. Riam de tudo e de nada, como só os apaixonados fazem. Estavam juntos e se bastavam.

Se isso não é amor, o que mais pode ser?

06 de abril de 2016

## Diálogo entre os presidentes T.

— Bom dia, presidente T.
— *Good morning*, presidente T.
— Ainda não sou presidente. Tem aquela mulher no meu caminho. E a eleição é em novembro.
— Sei exatamente como é. Também tenho uma mulher no sapato. Mas aqui a eleição é em agosto e só preciso de 54 votos.
— Como assim? O Brasil é grande. Você quer dizer 54 milhões de votos, não é isso?
— Não. Esse foi o número de votos que ela teve. Eu só preciso de 54 mesmo, 54 senadores. Arrumei um jeito mais fácil.
— Uau! Você precisa me ensinar isso, presidente T.
— É fácil. Vou te apresentar o Eduardo Cunha.
— Ele é empreiteiro? Estou precisando muito. Quero construir um muro para isolar aqueles mexicanos.
— Não, não é empreiteiro, mas controla as empreiteiras. Ele tem muitos contatos. Vai te ajudar com esses estrangeiros.
— *Thanks, president T.* Como você agiu com os estrangeiros daí? Fez um muro separando o nordeste?
— Não exatamente, presidente T. Estou, digamos assim, exercendo a boa política partidária regional.
— *What the f... is that?*
— Aqui somos mais sutis. Chamamos o muro de Reformas.
— Reformas?

— Sim. A Reforma Previdenciária, por exemplo, vai obrigar todo mundo a trabalhar até os 80 anos. Mas a expectativa de vida lá é de 69 anos. Muito melhor que um muro.

— Hahaha. *You are a genious, presidente T.*

— E você ainda não viu minha Reforma Trabalhista. Essa sim vai arrebentar.

— Mas e a tal da Bolsa Família? Ouvi dizer que você deu aumento? Que absurdo!

— O aumento já estava prometido pela mulher, tive que dar. Mas mandei fazer uma auditoria. Fica pronta depois de agosto, se é que você me entende, presidente T?

— Claro. Meus homens também fizeram uma auditoria aqui. Foi nos e-mails da mulher, se é que você me entende?

— Seus homens são muito competentes. Você precisa mandar alguns pra cá.

— Eles já estão aí. Desde a década de 1970, lembra?

— Claro, é verdade. Fui eu que os recebi.

— Mas agora estão em águas profundas, se é que você me entende, presidente T?

— Hahaha. Sim, sim, claro. Quando formos jantar, eu te passo o sal, presidente T.

— Hahaha. Você é muito engraçado, presidente T. Precisa me visitar na Casa Branca.

— Visitá-lo-ei, presidente T.

— E traga a família. Na minha casa, todas são belas, recatadas e do lar.

— Não achei engraçado, presidente T.

05 de julho de 2016

# O bandido pediu a saída da diretora do presídio

O traficante Fernandinho Beira-Mar foi enviado a um presídio de segurança máxima com capacidade para 513 detentos. No primeiro dia, os colegas o elegeram presidente da cadeia. E olha que entre eles havia bandidos famosos, alguns com muito mais experiência no ramo. Mas ninguém tinha tanto carisma. Ninguém tinha tanta fleuma. Ninguém tinha tanto charme.

Pelo menos 300 presidiários dependiam diretamente desse charme, que era mensalmente alimentado pelos dividendos distribuídos por Fernandinho a seus associados. Também é verdade que uns 120 detentos só estavam ali porque os mandados de prisão preventiva não haviam sido analisados. Não tinham nem condenações, o que é um problema comum no sistema penal brasileiro.

A diretora do presídio foi alertada pelo chefe da guarda penitenciária. "O que faço?", perguntou. "Melhor deixar quieto", respondeu o guarda. "Isso aí é coisa ruim", arrematou.

E o Coisa Ruim iniciou seu reinado.

Como primeiro ato, distribuiu o comando das celas entre seus comparsas mais fiéis. Em seguida, proibiu os guardas de fazer a ronda de inspeção. Depois, retirou suas armas e passou ele mesmo a nomear novos vigilantes para o presídio. Por último, cercou a sala da diretora e a proibiu de sair de seu gabinete.

— Agora é nóis, doutora! Quem manda aqui é nóis! — disse Fernandinho apontando uma arma para a câmera, enquanto a baba nervosa escorria pelo canto da boca.

A diretora reagiu. Ligou para o Ministério Público, para o STF e para a Polícia Federal. Pediu a intervenção imediata no presídio, mas não foi atendida. Aturdidos, magistrados e policiais se limitaram a observar a barbárie promovida pelo bandido. E, pela TV, não se surpreenderam quando Fernandinho Beira-Mar exigiu a imediata demissão da diretora.

É muito provável que ele seja atendido.

Os bandidos estão em festa no presídio.

\* \* \*

Em entrevista recente, o senador Roberto Requião disse que "Eduardo Cunha pedir a saída de Dilma é como Fernandinho Beira-Mar pedir a saída do diretor do presídio".

A metáfora do senador não é exagerada se levarmos em conta o passado criminoso de Eduardo Cunha, construído desde os anos 1990, quando foi nomeado para cargos públicos no Rio de Janeiro por intermédio de PC Farias. E temos que lembrar que, há quase seis meses, a Procuradoria-Geral da República pediu a prisão de Eduardo Cunha por lavagem de dinheiro, corrupção passiva e formação de quadrilha.

Vou repetir: a Procuradoria-Geral da República pediu a prisão de Eduardo Cunha.

Ou seja, poderemos ter um processo de impeachment comandado por alguém prestes a ser preso e, portanto, prestes a perder o cargo de presidente da Câmara, que é o que lhe confere tal prerrogativa.

Desse contexto retiramos outra pergunta, talvez a mais importante do momento: por que o STF não põe o pedido da PGR na pauta? Será que os ministros deixarão o Coisa Ruim fazer o serviço sujo para só depois retirá-lo da Câmara?

Vossas excelências, caríssimos ministros, me perdoem por fazer tantas perguntas, mas preciso continuar.

Diante disso tudo, o impeachment comandado por Eduardo Cunha pode realmente ter validade?

A pergunta não é sobre legalidade, é sobre moralidade. A lei confere esta prerrogativa ao presidente da Câmara, mas o processo perde legitimidade. Não basta ter iniciado o impeachment por vingança e para desviar o foco das investigações contra ele. Cunha já manobra para que a votação na Câmara não seja por ordem alfabética, como foi no impeachment de Collor e como determina o STF. Ele quer dar preferência aos estados do sul e deixar o nordeste para o final, numa clara manipulação do rito.

Os deputados do PSDB, DEM, Solidariedade e outros partidos de oposição já fecharam aliança com Eduardo Cunha e, assim como na história do presídio, aguardam para colher seus dividendos. É muito provável que já exista um grande acordo para que as investigações da Lava Jato sejam interrompidas em um eventual governo Temer.

Cunha é réu no processo instaurado no Supremo e pode se tornar vice-presidente da República caso o impeachment seja aprovado. Além disso, responde no Conselho de Ética da Câmara por ter mentido a seus pares sobre as contas que mantém na Suíça. E, hoje, novas denúncias surgiram no depoimento de um doleiro. Ainda assim, continuará no comando do impeachment.

Preciso continuar com as redundâncias.

A PGR pediu a destituição de Cunha em dezembro do ano passado. A bola está com o Supremo, mas o assunto ainda não foi colocado em pauta.

Aí está uma boa hora, ministros. A única hora.

Se não agirem, serão cúmplices do golpe.

07 de abril de 2016

## Carta para a filha que não nasceu

Amada Maria Antonia,

Perdoe o pai que escreve antes do nascimento, antes da luz, antes até da concepção. Perdoe o pai ansioso, aflito, insone. Perdoe o pai que te batiza antes da ultrassonografia.

Se preferir, posso te chamar de Antonio. Ou Antonio Maria, mais que um nome, uma homenagem. A tua mãe certamente concordará com a escolha.

O assunto é urgente, o tempo é curto e a vida não anda fácil. São tempos temerosos. Rasgam votos e carteiras de trabalho. Queimam direitos e benefícios. E você nascerá em um país onde ninguém se aposenta mais.

Sofremos um golpe e preciso te contar. Mas há muito mais para dizer.

Tenho medo de não estar aqui e as frases desaparecerem com as lembranças. Então serei breve e irei diretamente ao que interessa.

Só algumas recomendações:

Se o mundo disser que está errada, não acredite, mas desconfie. E quando a desconfiança te fizer mudar de ideia, desconfie da própria mudança. O nome disso é instinto.

Instinto e razão podem parecer opostos, mas são apenas complementares. Use-os em combinação e com intensidade. O nome disso é inteligência.

Inteligência não é sinônimo de superioridade. Inteligência é compartilhamento, é solidariedade, é empatia. Inteligência tem vários nomes, mas o sobrenome é sempre emoção.

Emoção é o que mais desejo para os teus dias. Sorrisos e prantos são igualmente bem-vindos. Não economize. As risadas serão efêmeras. As lágrimas serão perenes. Essa desproporção é o que nos torna humanos.

Humanidade e humildade não são aliterações por acaso. Aprenda outros idiomas e descobrirá a mesma relação, mas jamais acredite que o aprendizado terminou. O segredo é não parar de aprender.

Haverá amores e paixões. Difícil separá-los. Mas será mais fácil se souber que nos apaixonamos pelas qualidades e amamos apesar dos defeitos.

Amar sempre. Temer jamais. Esse deve ser o lema da tua geração. A minha não soube segui-lo.

Se tiver muitos amigos, ótimo. Mas se tiver dois ou três, melhor ainda. São eles que vão suportar tuas angústias, lavar as feridas e comprar a aspirina.

A aspirina e o engov também serão teus amigos. Nunca te esqueças disso.

Por último, Maria Antonia, evite mágoas e rancores e, se possível, não repita os erros do velho que não cumpriu as próprias recomendações.

Pai é aquele que cria.

Se eu não estiver por aqui, aceite o que está ao teu lado e não conte que escrevi esta carta. Ele pode se magoar.

O amor, Maria Antonia, não tem forma.

Mas essa foi a forma que encontrei.

Bem-vinda ao mundo.

04 de maio de 2017

# Do Felipe de 2016
# para o Felipe de 1996

Prezado eu,

Não vou te dar conselhos, mas seria bom alertar que essa revolução chamada internet não é bem o que pensávamos. O tal espírito libertário se tornou repressivo. A abertura global do pensamento virou uma produção de guetos. E a troca de opiniões se transformou em um tribunal chamado "livro dos rostos".

Quando chegar aqui em 2016, neste final do ano do golpe parlamentar, você lerá o novo livro do Michel Laub e saberá que o tribunal se reúne às quintas-feiras, mas trabalha diariamente. Também perceberá que muitos dos seus amigos fazem parte do júri, sua família pode ser o Ministério Público e o réu nem sempre é você, embora o papel lhe caia bem.

Será difícil admitir, mas você também acusa. Seus julgamentos são impiedosos, apesar de parecerem bem fundamentados, segundo os integrantes do nosso gueto. A formação acadêmica ajuda, mas não superestime o conhecimento, pois a palavra do ano é pós-verdade, um pato convenceu o país e muitos ainda acreditam no perigo comunista. Ou seja, continuamos, eu e você, ignorantes por conta própria.

O livro do Michel Laub resume muito bem o estado de nossa ignorância. Em pleno 2016, ainda discutimos homofobia, racismo, questões de gênero e direito ao aborto. Só que agora as discussões ocorrem em redes sociais, uma espécie de ICQ pan-óptico e hipertrofiado. Eu sei que você achava que tudo isso já estava superado lá em 1996, mas hoje temos um congresso evangélico, o presidente é aquele vampiro do Carandiru e o judiciário não cumpre as leis.

*O tribunal da quinta-feira* pode ser usado como espelho. Michel Laub narra uma trama sobre nós mesmos. Sobre como temos a obrigação de nos indignar diante um escândalo que logo dará lugar a outro. Sobre como protestamos contra a corrupção e sonegamos impostos. Sobre como defendemos a ecologia e jogamos o papel de bala no chão. Sobre como somos detestáveis, mesquinhos e hipócritas.

Não estranhe a mudança no vocabulário, Felipe. Encontro amoroso agora é *crush*. Dar uma volta é passear pela timeline. Escrever é avisar que vem textão. E todo mundo anda lacrando em suas opiniões (sim, nós também fazemos isso).

Involuímos.

Na página 137 do livro de Laub, o personagem José Victor de 2016 conversa com ele mesmo em 1988. O mais velho diz que gostaria de ter lembranças melhores do dia em que o mais novo está. Eu sinto o mesmo, Felipe.

Passo da nostalgia à letargia em um clique no mouse. A depressão nos atinge, o tribunal nos condena, os amigos foram embora e a bateria do celular já acabou.

Mas tudo bem.

A memória é apenas ficção.

Mande um beijo para a *abuela*, largue esse emprego na Manchete, não faça concurso público, esqueça a militância, saia da internet e releia o Saramago.

Não são conselhos, são esquecimentos.

Até já.

Abraços,
Eu

20 de dezembro de 2016

## Alexandre de Moraes no STF é o goleiro Bruno na delegacia da mulher

O diálogo do senador Romero Jucá com o ex-senador Sérgio Machado, gravado no ano passado, antes do impeachment e com a participação de Sarney e Renan Calheiros, era um prenúncio do que acontecerá com a nomeação de Alexandre Moraes para o STF.

Machado: "É um acordo. Botar o Michel num grande acordo nacional."

Jucá: "Com o Supremo, com tudo."

Machado: "Com tudo. Aí parava tudo."

Jucá: "É. Delimitava onde está. Pronto."

Ontem, o procurador-geral da República ofereceu denúncia ao STF contra os personagens dessa gravação por tentativa de obstrução da justiça na operação da Lava Jato. O mesmo STF que terá um ministro filiado ao PSDB, com passagem pelo PMDB, e que será o revisor da Lava Jato no plenário. Um ministro que é amigo íntimo desses futuros réus e deve sua nomeação para o Supremo a um deles, o presidente Temer, e deverá sua aprovação a dois deles, os senadores Jucá e Renan.

A conclusão é óbvia: Alexandre de Moraes será o agente político que vai sacramentar o acordo nacional com o Supremo para enterrar a Lava Jato, conforme descrito na gravação de Jucá.

Imaginem o tamanho da indignação caso Dilma indicasse seu ministro da Justiça, José Eduardo Cardozo, para o cargo! E que diriam os comentaristas esportivos se o presidente da federação russa de atletismo fosse indicado para o comitê antidoping do COI?

Então por que não há indignação com o indicado de Temer? Moraes no STF personifica a velha metáfora da raposa no galinheiro. É como se o goleiro Bruno assumisse a delegacia de proteção à mulher. Ou ter Suzane Von Richthofen homenageada no dia dos pais.

Ainda me surpreendo com os argumentos a favor de seu nome. Dizem que ele só exercerá a função de revisor da Lava Jato caso um presidente de poder seja denunciado. Mas se esquecem de dizer que, só na primeira delação da Odebrecht, há três presidentes citados: Temer (43 vezes), Rodrigo Maia e Eunício Oliveira, respectivamente MT, Botafogo e Índio, conforme descrito nas planilhas da corrupção.

Além disso, há outras "inadequações" que estão sendo ignoradas. Permitam-me enumerá-las:

1. Moraes é apoiado pela bancada da bala, um grupo de parlamentares financiado pela indústria armamentista. No ano passado, disse que o país deveria investir menos em pesquisas e mais em armamento.
2. Moraes é contra a descriminalização da maconha, uma estratégia para enfrentar o poder do tráfico e a violência que é utilizada com sucesso em diversos outros países.
3. Moraes foi responsável por uma gestão truculenta e repressiva quando foi secretário de Segurança Pública em São Paulo, sempre colocando a força acima da lei, como no caso das remoções em áreas populares.
4. Moraes já mostrou que gosta de vazamentos seletivos. Em outubro, durante um comício em Ribeirão Preto, deu declarações que sugeriam a prisão iminente de Antonio Palocci, o que aconteceu dias depois.
5. Moraes foi advogado de Eduardo Cunha, que, apesar, de ter perdido o foro especial, poderá ser julgado no STF caso o processo envolva um político com mandato, o que é bem provável.
6. Moraes escreveu em sua tese de doutorado que o indivíduo que exerce cargo de confiança no governo não pode ser indicado para o STF.

Em última instância, portanto, é o próprio Moraes que se considera inadequado para assumir uma cadeira no STF.

Eu apenas concordo com ele.

07 de fevereiro de 2017

## Escola sem partido: a fábrica de inquisidores medievais

O movimento escola sem partido é uma aberração cognitiva. Seus defensores demonstram completa incapacidade de compreender os princípios básicos da educação e se aproveitam da guinada à direita no país para emplacar um projeto de lei cuja aprovação nos levará de volta ao século XVI.

O Escola Sem Partido também é um projeto covarde porque carrega uma estratégia de dominação totalitária através da manipulação do medo preconceituoso da classe média e da imposição de uma visão fundamentalista de mundo, sem crítica e sem direito à diversidade.

Querem impedir que se discutam questões de gênero, de classe e de etnia em sala de aula. Isso não é escola, é fábrica de robôs. A educação só existe na crítica, este é seu partido. PC: partido da crítica. PC: partido do conhecimento.

O conhecimento não pode ser produzido fora da crítica. A escola não é uma mera transmissora de informações. Cabe ao professor oferecer instrumentos críticos para que o aluno pense sobre as informações e não apenas reproduza o que ouviu. Do contrário, não estará numa escola, estará numa igreja.

Uma leitura atenta do PL 867/2015 nos permite perceber detalhes nefastos. Há um item, por exemplo, que se chama flagrando o doutrinador. Ele é um criador de inquisidores medievais, já que trata o professor como um criminoso que corrompe jovens inocentes e incentiva esses mesmos jovens a denunciar seus docentes, numa prática que só existe em ditaduras.

A consequência imediata da aprovação do PL 867/2015 será a legalização das fogueiras para punir os professores que rezarem fora da cartilha fundamentalista e incentivarem a crítica. Seremos todos considerados bruxos, hereges e infiéis. Seremos queimados em praça pública pelos inquisidores liderados por Felicianos e Bolsonaros, inspirados em Alexandre Frota e devotos dos patos da Fiesp.

A Idade das Trevas está voltando com força.

27 de julho de 2016

# Carta de um ex-deputado para seu neto em 2046

Meu neto querido,
Eu fui um dos deputados que votaram a favor do impeachment em 2016. Votei com minha consciência limpa, votei contra a corrupção, votei contra a desordem econômica, votei pelo Brasil.

No comando do processo estava Eduardo Cunha, réu no STF, réu no Conselho de Ética e um dos maiores corruptos do país. Mas eu achava que os fins justificavam os meios. Achava que Cunha era um mal necessário. Então, quando ele abriu o impeachment para tirar o foco de seus crimes, não me importei.

O vice-presidente era Michel Temer, acusado de receber 5 milhões do presidente da OAS, que foi um dos condenados na operação Lava Jato. Se o impeachment fosse aprovado, ele assumiria a presidência ao lado de Cunha, que passaria a ser o vice. Mas achei que eles não ficariam no poder por muito tempo. Então, não me importei.

Como todos sabem, sempre fui um deputado honesto. Havia dezenas de deputados envolvidos com a corrupção que queriam o impeachment, mas eu achei que não haveria problema em votar ao lado deles. Jamais imaginaria que meu nome estaria numa lista ao lado de Paulinho da Força. Então, não me importei.

Muitos juristas alertaram que o processo não tinha base legal, que não havia crime de responsabilidade. Mas acreditei que o julgamento era apenas político, sem a necessidade de um claro fundamento jurídico e, então, não me importei.

A revista *Forbes* e o jornal *The New York Times* disseram que uma presidente sem qualquer investigação contra ela estava sendo julgada por centenas de parlamentares com processos na justiça. Mas a carapuça não me serviu e, então, não me importei.

Não me importei, meu neto querido, com as conspirações feitas pelo vice-presidente no próprio exercício do cargo. Não me importei com o discurso do Chico Buarque alertando para o golpe. Não me importei com as crônicas do Verissimo. Não me importei com a Constituição.

Como a maioria da população não queria Dilma, votei pelo impeachment. Mas ignorei que essa mesma maioria tampouco queria Temer. E, então, não me importei.

Na véspera da votação, foi confirmado que Eduardo Cunha recebeu 52 milhões de uma empreiteira como propina de obras para a Olimpíada. Mas, ainda assim, aceitei ser liderado por ele em plenário. Aceitei as regras dele, o rito dele, a moral dele. Mas eu não era como ele e, então, não me importei.

Escrevo estas linhas no momento em que leio o livro de história que a professora indicou para a sua turma. A palavra golpista aparece ao lado do meu nome no período intitulado "A era da Fiesp", quando Temer suspendeu direitos trabalhistas e se submeteu ao comando dos mais inescrupulosos empresários do país. Foi um período de retrocessos sociais, de agravamento da crise, de aumento das desigualdades e de direcionamento seletivo das investigações que estavam em curso no Brasil.

Se eu soubesse disso tudo, teria me importado.

Perdoe este velho ex-deputado, meu querido neto. Não me julgue pelo que fiz. Não ligue para as gozações dos colegas de turma por causa do seu sobrenome. Não me esqueça, por favor.

Com você, meu neto, eu me importo.

E, por isso, deixo um único conselho: leia atentamente esse livro de história. A única coisa que você pode fazer é não deixar que ela, a história, se repita. Em 2016, eu repeti os erros de 1964. Não faça o mesmo e limpe o nome da família.

Beijos saudosos deste velho solitário,
Vovô

16 de abril de 2016

# O cuspe verde-oliva de Jair Bolsonaro

O deputado Jair Bolsonaro cuspiu na cara de todos os brasileiros durante a votação do impeachment. Mas não foi um cuspe qualquer, foi um catarro verde-oliva, em homenagem ao uniforme do coronel Ustra, um dos maiores torturadores da ditadura civil-militar brasileira.

Ao enaltecer o coronel e seus atos, o deputado cometeu o crime de apologia à tortura. Mas este não foi o primeiro delito do parlamentar. Lembram-se da agressão à deputada Maria do Rosário? E dos socos no senador Randolfe Rodrigues durante a visita da Comissão da Verdade ao prédio do antigo DOI-Codi?

Bolsonaro é, antes de tudo, um covarde. Ele se acha um profissional do *bullying*, mas é apenas a madrasta má da Cinderela, a bruxa da Branca de Neve, o Fredo da família Corleone. Suas ações violentas escondem recalques profundos, talvez um desejo homossexual reprimido ou problemas com a imagem no espelho. Já tive pacientes como ele. Não é fácil se livrar da máscara. Ainda assim, não pode fugir da justiça.

Nos últimos cinco anos, tornaram-se constantes suas ofensas ao deputado Jean Wyllys por causa da atuação política do parlamentar em defesa da comunidade LGBT. Ofensas que se intensificaram na noite de ontem, após o voto de Jean contra o impeachment, quando Bolsonaro o chamou de "boiola" e "queima-rosca", entre outras ofensas homofóbicas.

Numa reação ao xingamento, Jean cuspiu no ofensor e essa atitude recebeu diversas críticas nas redes sociais. Entretanto, foram poucos os que apontaram o crime cometido por Bolsonaro. Ou seja, houve a naturalização da apologia à tortura e do insulto homofóbico. Mas a cusparada, que foi um ato de reação, chocou a sociedade. Quanta hipocrisia.

Hipocrisia que só não foi maior que a argumentação da maioria dos deputados diante do microfone, citando Deus, a família e até Jerusalém para justificar o voto. Tudo isso no interior de um colegiado formado por 299 parlamentares com ocorrências judiciais, 79 deles já condenados em primeira instância. Entre os quais, o próprio Bolsonaro, que agora deve responder a uma nova ação na justiça.

O deputado se defende com o argumento de que citou o coronel Ustra porque outros deputados citaram o guerrilheiro Carlos Marighella, um dos líderes da luta armada contra a ditadura de 1964. Nesse caso, sugiro que ele faça uma reclamação formal ao Senado, que abriga o braço direito do guerrilheiro, o senador Aloysio Nunes Ferreira, do PSDB de São Paulo.

Enquanto isso, vamos dar o devido peso aos atos que aconteceram ontem na Câmara dos Deputados. Diante da escarrada verde-oliva de Bolsonaro, a saliva de Jean é quase uma água benta. Talvez o papa Francisco possa ensinar o conceito de tolerância ao deputado que se diz cristão.

Bolsonaro precisa responder pelo crime de apologia à tortura para que outros não sigam seu exemplo e para que sua máscara caia de uma vez.

Numa sociedade cuja política é criminalizada, corremos o risco de projetar desejos de autoridade em tiranos de baile infantil que vestem fardas da casa Turuna e cospem na Constituição do país.

18 de abril de 2016

# Bolsominions: quem são e do que se alimentam

As violentas reações dos seguidores de Bolsonaro ao meu artigo neste jornal, onde denunciei seu crime de apologia à tortura, não são um fato isolado. Devem ser estudadas como um fenômeno complexo, de expressão contemporânea, mas com raízes muito mais antigas.

Talvez possamos recorrer ao conceito de "narcisismo das pequenas diferenças", explorado por Sigmund Freud nos textos "Psicologia de grupo" (1921) e *O mal-estar na civilização* (1930). Para Freud, a civilização, sob o império da lei, é a responsável pela inibição da agressividade humana, que é uma expressão narcísica do ego. No entanto, tal narcisismo agressivo rompe a barreira do recalque e se manifesta publicamente quando incentivado por líderes que se supõem acima da lei (e, portanto, da civilização) ou quando avalizados por um grupo que recorre a pequenas diferenças em relação ao outro para justificar a barbárie.

Os bolsominions se encaixam em ambos os casos. Seguem o líder, a quem chamam de mito, e dão vazão aos recalques narcísicos atacando as diferenças dos grupos que elegem como rivais. Daí a constante referência agressiva a homossexuais, negros e feministas. Em muitos casos, tal referência esconde algo ainda mais profundo: um desejo reprimido de ser o outro.

Quando alguns críticos consideram a palavra nazista exagerada para definir um bolsominion, sempre pergunto se as características citadas por Freud nos parágrafos acima não estavam presentes também na

Alemanha da década de 1930. Da mesma forma, recorro a algumas condições históricas, como crise econômica, desgaste da esquerda, falta de representatividade política e a busca por um salvador da pátria. Não estaria sendo pavimentado o caminho para um totalitarismo nazifascista no país? Ou vocês ainda acham que é exagero?

Além de Bolsonaro ter 8% de intenções de voto na última pesquisa do IBOPE (o que significa o apoio de mais de 10 milhões de pessoas), sua página no Facebook tem quase 3 milhões de seguidores. É lá que os bolsominions se organizam para hostilizar os grupos e pessoas com quem têm as diferenças narcísicas.

Eles usam a expressão "vamos lá oprimir". E, juntos, reverenciam o líder, atacam o "inimigo" e se masturbam mutuamente através dos xingamentos que utilizam. Já vimos esses acontecimentos na história recente. A praça virtual pode se transformar na praça do seu bairro rapidamente.

Tirem as próprias conclusões a partir de alguns dos comentários dos bolsominions em minha página no Facebook:

"Felipe, seu lixão."

"Vagabundo. Tu é gay?"

"Não entendi as críticas ao coronel Ustra. Sim, ele torturou e matou. Mas eram comunistas."

"Comunista de merda."

"Coronel Ustra, herói nacional."

"Felipe Pena, você é um escroto humano."

"Vai pro diabo que te carregue."

Detalhe curioso: este último comentário é assinado por Geová Vieira. Geová é um nome bíblico.

Mas isso é assunto para uma outra coluna.

27 de abril de 2016

# De Lula para Aécio em 2080

Querido Aecinho,

Como vão as coisas aí em embaixo? O Gilmar Mendes já se acostumou com o clima? Se tiver qualquer dificuldade é só me dizer. Tenho vários amigos morando na sua vizinhança. Eles me devem favores, não hesitarão em atender a um pedido meu, principalmente agora que inicio minha trajetória política aqui em cima.

Uma coisa posso te garantir: nunca antes na história do Paraíso um operário esteve tão próximo do poder. Na semana passada, organizei a primeira grande greve do sindicato dos santos. Foi um sucesso. Paramos todos os milagres, ninguém atendeu a uma oração sequer. A imprensa estava toda lá. O exército de arcanjos cercou o estádio, mas nós ficamos unidos.

O Francisco de Assis, que é líder da bancada da oposição, já me convidou para fundar um novo partido junto com uns intelectuais de esquerda. O ditador aqui é muito poderoso, vive baixando decretos que Ele chama de mandamentos. Mas logo vamos restabelecer a democracia e acabar com a corrupção e o nepotismo.

É verdade que tem um pelego de nome Pedro que anda me boicotando. O cara tem medo de perder o lugar, coitado. Não sabe que a minha meta está acima dele. Não tenho qualquer interesse no posto de intermediário. Estou pensando em oferecer a vaga de vice para ver se ele para de me encher o saco.

Nos últimos dias, tenho pensado muito em você. Se estou aqui em cima é porque exercitei a virtude do perdão contigo. Se não fosse por aqueles acordos que fizemos em 2017, não teria conseguido o visto para entrar no Paraíso. Obrigado, companheiro. Obrigado por me deixar perdoá-lo. Não se arrependa de ter metido o nariz nos meus assuntos. Foi a comparação contigo que fez de mim um santo. Minha gratidão é eterna.

Tem visto o Sarney por aí? É outro a quem devo meu lugar nestas nuvens abençoadas. Assim como perdoei o Collor por ter exposto minha filha fora do casamento na campanha de 1989, também perdoei o Zé por me transformar em seu avalista político durante o escândalo dos atos secretos no Senado. Ele não é uma pessoa comum, merece toda a minha reverência. Vê se arruma uma boquinha para os parentes que forem chegando por essas bandas. O homem precisa.

O Jaques Wagner está aqui do meu lado, corrigindo o que escrevo. Como não deixaram o Duda Mendonça entrar, é ele que cuida de tudo. O japa também foi barrado, assim como o Zé Dirceu e o Palocci. Ainda não entendi por quê. Deve ser coisa desse tal de Pedro. Tenho certeza que o cara é agente do SNI, mas a Dilma e o Suplicy acham que ele é tucano mesmo. Já o viram cochichando com o FHC e o Serra em um jogo de tranca na casa do São Judas Tadeu.

Na semana que vem, vamos fazer um churrasco no sítio que o Paulo comprou ao lado dos Portões do Éden (só para deixar claro: o sítio não é meu, é do Paulo, o santo). A vista é uma beleza, mas você ia babar mesmo é com o aeroporto, que deixa a tua pista particular no chinelo. A construtora que fez a obra pertence a um sujeito que veio lá do Vaticano e está acima de qualquer suspeita.

Só não te convido porque sei que o Fachin não te deixaria entrar. Ô cara chato, meu pai! Ele é uma espécie de fiscal do confessionário aqui em cima e ganhou muita popularidade no purgatório. Só me deixou subir porque meus pecados são improváveis. Mesmo assim, tive que vir no pedalinho da Marisa. Demorei uma semana só para atravessar o lago de Atibaia.

Mas um dia, quem sabe?, eu vá te visitar para comer uma pizza junto com o Renan, o Geddel, o Tóffolli, o Maluf, o Jader, o ACM, o Gilmar, o Jucá, o Temer e outros companheiros queridos de quem sinto tantas saudades. Sei que o forno aí embaixo é muito bom e os *pizzaiolos* são os melhores do universo.

Um abraço de paz e amor,<br>Luiz Inácio

04 de abril de 2017

## Como surge um governo autoritário

Pegue um artista frustrado, do tipo que faz poesia barata ou pinta quadros sem expressão. Em seguida, misture com uma situação econômica ruim, uma classe média alienada, apoio das elites, falso combate à corrupção e a construção midiática de um inimigo comum.

Pronto. Temos a fórmula infalível para a formação de um governo autoritário.

*Adolf Hitler: os anos de ascensão 1889-1939*, primeira parte da biografia escrita pelo historiador Volker Ullrich, mostra os detalhes dessa fórmula. Publicado aqui no Brasil pela editora Amarilys, o livro narra a história do maior tirano do século XX desde o nascimento até a invasão da Polônia, em 1939. Mas o foco principal é o homem por trás da *persona* pública, revelando suas mágoas, preconceitos e, principalmente, sua capacidade de manipulação.

Para o autor, o adjetivo "oportunista" está indelevelmente ligado à história de Hitler, embora esta característica nem sempre seja explorada pelas biografias anteriores. Está aí o grande diferencial do livro de Volker Ullrich, cofundador da revista *Zeit-Geschichte* e vencedor do prêmio Alfred Kerr por seu trabalho jornalístico.

Ulrich explora as lacunas e vai contra a corrente dominante da narrativa sobre Hitler, cujo foco está sempre no carisma do *füher*. Em vez disso, somos apresentados às diversas conspirações que o levaram ao poder, incluindo traições a amigos próximos, assassinatos de correligionários e até execuções sumárias de membros do partido nazista que ameaçavam sua hegemonia.

O livro também revela os mistérios dos primeiros anos de vida do ditador, em Viena e Munique, quando vivia na pobreza e obscurantismo. E, novamente, o autor nos traz pistas importantes da formação do caráter conspirador e oportunista de Hitler, que foi reprovado no teste de acesso à escola de belas-artes e acabou condecorado como herói na Primeira Guerra Mundial.

A pesquisa de Ullrich o qualifica como um dos três mais importantes especialistas sobre o tema, ao lado de Joachim Fest e Ian Kershaw. Mas as 952 páginas deste primeiro volume conseguem ultrapassar os imensos méritos dos outros autores, trazendo novos pontos de vista e novas fontes, conforme atestado pelas quase 300 páginas de notas de rodapé.

O mais importante, no entanto, é ressaltar a atualidade da obra e prestar atenção no alerta que ela traz para o mundo contemporâneo. Em uma época marcada por instabilidade política e econômica ao redor do planeta, estão abertas as portas que levam a conspirações oportunistas em busca do poder.

O que Ullrich nos mostra é que tais conspirações quase sempre estão na origem de governos autoritários, cujos verdadeiros objetivos são a exclusão social e o sufocamento dos opositores.

Algo que, definitivamente, todos nós devemos temer.

12 de maio de 2016

# Saudades da democracia

Ela foi levada pela legião de patos amarelos em um dia de domingo. Nunca mais voltou. Nunca mais se levantou.

Arrastada para o limbo pela turba de parlamentares golpistas, com auxílio dos megafones midiáticos de seus barões, ela se calou.

E calada continua.

As frases não ditas são eternas. Não era o que eu queria dizer. Nem o que o ela teria dito. Mas já estava lá, escrito, como se fosse um carma. O que ficou de você em mim foram os fragmentos, polímeros, fractais, resíduos.

E o teu queixo no queixo do meu filho. Teu genoma em cada grito. Tua face em cada protesto. Teu sangue em cada frase de cada artigo. Minhas frases, tuas digitais, e teu queixo, teu texto. O que você lê agora é o que resta nos olhos de um eleitor. Sobrevivi, mas não voltei a me encontrar. Depois de você, todas tinham o mesmo defeito: nenhuma delas era você.

Nunca nenhuma delas será você.

Os outros são nossos narradores. Não há fuga possível para o discurso alheio que nos constrói. Estamos à mercê dos advérbios que não queremos, dos adjetivos que não merecemos, dos pronomes que foram trocados. Nossa história não nos pertence. Não temos tempo. Tempo é expectativa. É o portão de ferro da angústia.

Mas se você estivesse aqui, tudo seria diferente! Se você estivesse aqui, pela terceira e única vez, prometo que tudo seria diferente.

Se você estivesse aqui, alugaríamos um apartamento bem pequeno para que os desencontros acabassem se encontrando.

Se você estivesse aqui, chegaríamos no mesmo passo, enfrentaríamos a chuva, dividiríamos a capa e a marquise.

Se você estivesse aqui, comeríamos no mesmo prato, dividiríamos a carne, beberíamos o licor no copo de requeijão.

Se você estivesse aqui, levaria teu avô ao médico, cuidaria do teu pai, educaria teu irmão e te daria um filho.

Se você estivesse aqui, arrumaria um quarto para tua mãe, fingiria que gosto dela e ainda acreditaria nos elogios.

Se você estivesse aqui, dormiríamos até mais tarde, com a cortina fechada e o mundo lá fora, comemorando.

Se você estivesse aqui, passaria o creme nos teus pés depois de lixar tuas unhas para te livrar da solidão.

Se você estivesse aqui, eu me sentaria na beirada da cama por duas horas, com o paletó fechado, enquanto você escolhe o vestido da festa.

Se você estivesse aqui, puxaria o zíper até o final das costas, deixando minha respiração no pescoço perfumado.

Se você estivesse aqui, sairíamos pela noite da cidade iluminada, veríamos o filme do cineasta desconhecido, descobriríamos um restaurante íntimo, escolheríamos o prato da casa, cruzaríamos a ponte e veríamos o barco pela proa.

E tudo mais. Tudo que você sempre quis.

Se você estivesse aqui, nós teríamos evoluído.

Mas você não está.

Quando foi embora, deixou-nos a culpa e o atraso.

07 de maio de 2017

## A manipulação barata de João Dória

Quando apresentava o programa de TV *O aprendiz,* Donald Trump tinha um bordão muito conhecido: você está demitido! Há algumas semanas, o prefeito João Dória tentou imitar o americano ao dispensar a secretária Soninha Francine. Foi cruel, mas sua imitação ficou mais canastrona do que o original de peruca laranja.

Durante a convenção do PSDB que o escolheu candidato à prefeitura de São Paulo, em 2016, Dória foi acusado de comprar os votos dos delegados. Foi apelidado de Jonny Dólar. Em janeiro, a produtora cultural Ana Paula Galvão, coordenadora do Teatro Paulo Eiró, foi demitida porque o chamou pelo apelido em uma rede social, embora até as figuras mais importantes de seu partido o chamem assim nas conversas em *off.* Mas, como é ele quem manda, não aceitou a verdade, ou melhor, a ofensa.

Na semana passada, Dória não pôde demitir a ciclista que lhe ofereceu flores em "homenagem" ao aumento do número de mortes nas marginais da capital paulista. Frustrado pela própria impotência, o prefeito tacou as flores no chão, sujando as ruas da cidade que administra. Se Trump estivesse por perto, seria ele o demitido. E por justa causa.

Ao cumprir a demagógica promessa de aumentar o limite de velocidade nas marginais, Dória se tornou cúmplice das mortes em acidentes de trânsito na cidade. De janeiro a abril de 2017, segundo a PM de São Paulo, ocorreram 367 acidentes nas marginais, um aumento de 67% em relação ao mesmo período do ano passado. Sete pessoas morreram. Todas essas mortes têm as digitais do prefeito.

E a demagogia continua. Dória já se vestiu de gari, numa tosca versão de Jânio Quadros nos anos 1960, já cobriu grafites, já brincou de guarda municipal. Tudo para esconder o que realmente é: um playboy mimado com sede de poder. Daí a semelhança com o ex-presidente Collor. No campo semântico do autoritarismo, o roxo está para o alagoano como o cinza está para o paulista.

O prefeito da elite paulistana não admite ser contestado. Recentemente, usuários do Facebook relataram que advogados entraram em contato para que postagens contra o alcaide fossem retiradas da rede. Além disso, um trecho da canção da banda Aláfia foi removido antes de ir ao ar pela TV Cultura, emissora ligada ao governo de São Paulo.

Já que a música está censurada, vamos reproduzi-la aqui:

"Liga nas de cem que trinca
Nas pedra que brilha
Na noite que finca as garra
SP é fio de navalha
O pior do ruim
Dória, Alckmin
Não encosta em mim playboy
Eu sei que tu quer o meu fim"

O playboy se irrita com o espelho. Por trás da camisa polo com cavalo gigante há um potro assustado. João Dória é a cópia do personagem Tony Karlakian, interpretado por Marcelo Adnet no programa *Tá no ar*, da TV Globo. Ou vice-versa. Todas as preocupações do prefeito estão voltadas para o marketing. Todas as suas ações visam a bajulação dos colegas da balada quatrocentona. Não tem conhecimento ou competência para ocupar o cargo, o que ficou comprovado pelo pente-fino que a agência Lupa fez em seu discurso de comemoração dos 100 dias de governo.

Para a agência, cuja especialidade é a checagem de dados, as informações apresentadas pelo prefeito de São Paulo foram classificadas, em sua grande maioria, como "exageradas", "contraditórias" e "insustentáveis". É um resumo perfeito de sua administração.

O homem que diz ser gestor e não político teve o primeiro cargo público há 30 anos, quando foi presidente da Embratur, no governo Sarney. Mas parece que a gestão não foi muito eficiente. Dória teve as contas rejeitadas pelo TCU e foi acusado de desviar dinheiro da empresa, mas acabou absolvido por um voto político.

O prefeito dublê de apresentador agora sonha com a presidência. Continua inspirado em Trump e, sempre que pode, usa sua incontinência verbal para atacar os opositores e se posicionar perante os odiadores da nação. O que Trump fazia com Hillary, Dória tenta fazer com Lula e o PT. Mas, pelo visto, deveria se preocupar com outro presidente, o tucano Fernando Henrique Cardoso.

No último final de semana, o príncipe dos sociólogos admitiu que Dória pode ser o candidato do partido à presidência. Mas, desconfiado, resolveu lançar outro apresentador para o cargo.

Não direi o nome dele porque não quero me indispor com o prefeito. Só sei que, se esse apresentador for presidente, os próximos programas sociais do Brasil serão Lata-Velha, Lar doce lar e Quem quer ser um milionário.

O país pode virar um grande caldeirão.

Loucura, loucura.

08 de maio de 2017

# O fim do amor entre Tia Eron e Eduardo Cunha

Ele a manipulava usando o regimento como estratégia. Não precisava se colocar no papel de vítima. Bastava fazê-la perceber que todos os julgamentos eram injustos, que tinha o apoio da república e que os extratos da Suíça eram falsos.

— Sou apenas usufrutuário — disse Cunha.

E Tia Eron entendeu o conceito, não a palavra. Mas era religiosa, tinha fé no Senhor.

— A palavra do Senhor tem poder — respondeu para o amado.

— Amém — completou o deputado.

Cunha se mostrava pleno, absoluto. Uma confiança quase mística perpassava seu sorriso de babador enquanto falava. Tia Eron era sua cara-metade, a alma gêmea, a salvação pela fé. O amor no estado mais elevado de pureza. Amor suíço, bem lavado. Amor em francos suspiros de confidentes.

Mas não eram tão confidentes assim.

No dia de oficializar a união no cartório, Cunha chegou em casa mais cedo e reparou nas estantes vazias e nos caixotes com notas promissórias perto do bar, onde, no lugar das garrafas, jaziam pedaços de jornal velho e decisões do STF. Havia candelabros cobertos com plástico e quadros embrulhados com papelão. Duas malas cheias de dinheiro estavam empilhadas ao lado da porta, junto com alguns objetos que ainda não haviam sido embalados.

Sentiu o golpe, mas fez-se de desentendido. A Tia estava fugindo? Fugindo de verdade? Fisicamente. Geograficamente. Covarde, traidora! Por que ficar de conversinha se já estava decidida a partir? Ele se achava bonito, charmoso, encantador. Por que ela iria deixá-lo?

— Vou voltar pra Bahia. Não posso mais ficar aqui, Dudu. A Tia Eron já resolveu. Meu voo está marcado para depois de amanhã.

Então era o fim. Antes mesmo do começo. O fim. O que poderia fazer? Segurá-la pelo pescoço? Mandá-la para a Comissão de Constituição e Justiça? Suplicar para que ficasse? Dizer: eu te amo, não me abandone! Isso seria pior do que perdê-la. Porque perderia a fleuma, a postura altiva, a verve cínica que a conquistara. E, nesse caso, a perderia de qualquer jeito.

— Não há encantamento na hora da partida — disse ele. E ela ficou em silêncio.

Deslizou o corpo pelo sofá, segurando no braço, para não cair. Olhou reto, certeira, nos olhos dele. Uma lágrima insistia em romper o bloqueio emocional, mas ela a segurou, refez o dique. Enxugou o canto, discretamente, dilatando a pupila para disfarçar. Ele se aproximou, curvou o corpo, tentou beijá-la na testa, mas ela o afastou.

Beijo na testa era pior do que sessão no Conselho de Ética.

10 de junho de 2016

# Temer e Geddel puxaram o gatilho na Cidade de Deus

O ministro Geddel Vieira Lima cometeu os crimes de peculato e tráfico de influência ao pressionar o ministro da Cultura para liberar a construção do prédio onde tem apartamento em Salvador. O mais grave, no entanto, é a cumplicidade de Temer, que não apenas se recusou a demiti-lo, como ainda articulou um abaixo-assinado de todos os líderes da base governista em apoio ao ministro.

Ora, se a autoridade máxima da nação, ainda que ilegítima, fecha os olhos para um crime, por que as demais autoridades não fariam o mesmo? Se o Geddel pode pedir um apartamento, por que o Cabral não pode pedir uma lancha? Por que o Pezão não pode dar incentivo fiscal para o empresário amigo? Por que o Garotinho não pode comprar voto? Por que o policial não pode aplicar a pena de morte na favela?

Foi o que vimos ontem na Cidade de Deus, no Rio de Janeiro. Sete jovens, com idades entre 20 e 27 anos, alguns com ficha criminal, foram executados por policiais. O crime ocorreu por vingança. Na véspera, um helicóptero da polícia caíra durante uma operação na comunidade, matando quatro policiais. Surgiu a versão não confirmada de que fora abatido por traficantes. Os homens de farda resolveram fazer justiça com as próprias mãos.

Oficialmente, não há pena de morte no Brasil. Oficialmente, apenas. O aumento no número de autos de resistência, termo usado por policiais que matam sob a alegação de que estavam se defendendo, é um disfarce para a barbárie. São mais de 3 mil por ano, oito por dia, de acordo com a ONG Fórum Brasileiro de Segurança Pública.

Só no Rio de Janeiro, são cerca de 800 registros anuais. Mas quase não há investigação e, portanto, não há punição. Então, repetimos a pergunta: por que os policiais deixariam de aplicar a pena de morte na favela? Para eles não há sentido de proporção, há sentido de projeção. Se um ministro pode alterar a lei para construir um prédio, por que eles não podem alterar o código penal para praticar a execução sumária? A projeção supera a proporção.

A impunidade no andar de cima rola pela escada, atravessa a parede e invade a sala. É a lama da Samarco se espalhando pelo Palácio do Planalto até chegar ao Guanabara e à Cidade de Deus. Mas, a essa altura, já contamina do rio Guaíba à floresta amazônica.

O caso Geddel é paradigma.

O governo Temer é estigma.

A Cidade de Deus é consequência.

21 de novembro de 2016

# A classe social não é definida pela renda (um estudo sobre o golpe)

Ao ver o governo Temer afundar na lama da corrupção, boa parte da população pergunta onde estão os manifestantes com camisa da CBF que pediram a saída de Dilma. Por que não saem às ruas após o escândalo Geddel ou após a delação que confirmou a propina de R$10 milhões para Michel Temer?

Uma resposta possível é a de que os movimentos que convocaram as manifestações (MBL e Vem pra Rua) são financiados pelos partidos que compõem o atual governo. Outra, também provável, é a de que as manifestações nunca foram contra a corrupção, mas apenas representavam o preconceito contra determinadas políticas de inclusão, o já conhecido ódio de classe.

Neste artigo, quero propor uma terceira hipótese, sem negar as anteriores. Acredito que há uma deturpação na maneira como enxergamos as classes sociais no país e, muito mais importante, na maneira como elas próprias se enxergam. Este é um fator fundamental para entender o Brasil de hoje, cuja inércia diante do desgoverno Temer chega aos limites do paroxismo representado pelas tais camisas e patos de cor amarela. Para tanto, pretendo me valer do pensamento de alguns pilares importantes, como Sérgio Buarque de Holanda, Jessé Souza, Abraham Maslow e Sigmund Freud.

A tese de Sérgio Buarque de Holanda sobre o homem cordial foi sistematicamente deturpada pela bestialização midiática do país. Ao longo de décadas, o conceito foi traduzido como a expressão fundamental de certas virtudes nacionais, tais como hospitalidade e generosidade, por exemplo. Ou seja, representariam "um traço definido do caráter brasileiro", um povo amistoso e pacífico, o que é uma grande falácia.

Entretanto, por mais que essa equivocada interpretação do livro *Raízes do Brasil* tenha sido desconstruída por intelectuais e pesquisadores, seus resquícios ainda nos perseguem. Parecemos inconformados com a verdadeira definição do homem cordial, que é a de um indivíduo que estabelece relações de intimidade, mas tem horror ao formalismo das leis; que usa as relações pessoais para obter privilégios, mas defende uma falsa meritocracia; que confunde a esfera privada com a pública, mas só enxerga a corrupção no outro. Em suma, um homem que se apropria da Res-pública através de alianças, amizades e casamentos, transformando-a em um quintal da própria casa.

Diante desse quadro, a divisão de classes por renda me parece um grande equívoco. As tradicionais letras A, B, C, D, E não são representativas, pois o quanto o indivíduo ganha não define seu lugar na pirâmide social. Diferentemente dos países anglo-saxões, influenciados pela moral capitalista weberiana, aqui no Brasil prevalece o capitalismo dos patos-barões da FIESP, cuja ética fundamental é a apropriação do Estado e a consequente manipulação das classes subalternas através da colonização de seu imaginário.

Há pesquisas bem fundamentadas sobre o tema. O sociólogo Jessé Souza, por exemplo, propõe uma nova nomenclatura para a divisão de classes no Brasil. Para ele, o país estaria dividido em quatro: 1. A classe dos endinheirados, que domina o capital simbólico e efetivo, representando 1% da população; 2. A classe média, que suja as mãos para que a primeira continue dominante e sonha em pertencer a ela, embora nunca seja aceita; 3. A classe dos trabalhadores, que vive em condições precárias; e 4. A classe dos excluídos, que é considerada uma ralé pelas três anteriores.

Para Jessé, é na segunda classe que está a chave para a compreensão de nossa pirâmide diferenciada. Ela é constituída por profissionais como juízes e jornalistas, entre outros, que lutam não apenas por bens materiais, mas, principalmente, pelos imateriais, como prestígio, admiração, sucesso e demais conceitos construídos pela indústria cultural. E, para isso, empenham-se em agradar à classe dos endinheirados, com a vã esperança de poder frequentar seus círculos e ter acesso ao capital social que almejam. Assim, proporcionam apoio simbólico-cultural à dominação, legitimando suas práticas e sua narrativa.

O raciocínio do professor Jessé lembra, em muitos aspectos, a pirâmide de Maslow, um conceito clássico da psicologia que baliza as principais aspirações individuais do self. Qualquer estudante é capaz de reconhecer nas ações da classe média brasileira o anseio egoísta da hierarquia de valores comportamentais estudada pelo doutor Abraham Maslow. Também pode perceber traços da psicologia das pequenas diferenças, conforme a definição de Sigmund Freud. A reação à ascensão das classes populares é um nítido exemplo desse conceito, já que significa o incômodo de ter que perceber o outro como alguém que lutará pelo mesmo espaço, pelo mesmo capital social. Alguém que vai se tornando igual, quando o que se quer é manter a diferença.

Não é à toa que boa parte da classe média condena os programas de transferência de renda, classificando seus beneficiários como preguiçosos e enxergando apenas práticas eleitorais nessas políticas. E é pelo mesmo motivo que assistimos a uma rápida ascensão da direita e de suas ideias conservadoras.

O que está em jogo é uma grande disputa pelo capital social que constitui a verdadeira divisão de classes no Brasil. Um capital social que dá acesso a alianças, amizades e casamentos com a finalidade de reprodução dos bens acumulados. Nessa disputa, é fácil perceber o sujeito de classe média seduzido pelas supostas oportunidades concedidas por alguém do andar de cima. Você pode vê-lo esquiando em Aspen, comprando em Miami ou exibindo sua varanda gourmet nas redes sociais, símbolos do status que o fazem acreditar que é diferenciado.

O iludido cidadão acredita que chegou à classe A. Mas apenas hipotecou a alma e embotou a capacidade crítica para viver sua fantasia. Lá atrás, pode até ter sido um sujeito identificado com valores humanistas, o que é muito comum, pois não há ninguém mais reacionário do que um ex-progressista. Hoje, no entanto, ele serve como um eunuco a seus mestres. E, ao abanar os leques do controle do imaginário com seus sonhos de consumo, o vendilhão da classe média suja as mãos para manter os privilégios de quem o controla.

É um cão salivando pelos restos que caem do prato.

Mas, como no experimento de Pavlov, não tem a menor ideia de que está condicionado.

16 de janeiro de 2017

# Alguns projetos de lei que levarão o país de volta ao século XIX

Nos próximos dias, um velho novo governo deve se alojar no planalto e, com ele, ganha força a corrente do retrocesso. O Brasil caminha para o século XIX, retirando direitos trabalhistas, perseguindo índios, acabando com o estado laico e impedindo a aposentadoria da maioria da população, entre outras ações que estão por vir, após o golpe.

Depois da noite de São Bartolomeu em Brasília, cruzaremos a ponte para o passado representada pelos senhores feudais do PMDB, sob a liderança de Michel Temer. Abaixo estão listados alguns dos projetos que tramitam no Senado ou na Câmara, cujo comando nefasto de Eduardo Cunha foi imprescindível para sua progressão, já que alguns estavam na gaveta há anos.

São projetos retrógrados, que precisam ser combatidos. Na observação, relacionei apenas a principal aberração de cada um.

1. Instituição do Estatuto da Família (PL 6.583/2013 — Câmara): não reconhecimento dos casais homoafetivos como família, excluindo-os das políticas de proteção social do Estado.
2. Alteração do Código Penal sobre o aborto (PL 5.069/2013 — Câmara): criminalização ainda maior das mulheres e dos profissionais de saúde, que não poderão sequer dar informações sobre a pílula do dia seguinte para vítimas de estupro.
3. Estabelecimento do Código de Mineração (PL 37/2011 — Câmara): maior poder para as mineradoras, alterando as leis de proteção ambiental.

4. Redução da maioridade penal (PEC 115/2015 — Senado): desrespeito ao Estatuto da Criança e do Adolescente ao estabelecer a idade de 16 anos.
5. Flexibilização do Estatuto do Desarmamento (PL 3.722/2012 — Câmara): porte de arma garantido no ambiente de trabalho. Um taxista, por exemplo, terá o direito de andar armado, já que este é seu local de trabalho.
6. Alteração da Constituição para que entidades de cunho religioso possam propor ações de constitucionalidade perante o STF (PEC 99/2001 — Câmara): fim do estado laico no Brasil.
7. Flexibilização da regulação sobre a autorização de agrotóxicos (PL 4.933/2016): feito explicitamente em nome do "ramo dos pesticidas", permite a autorização da comercialização de agrotóxicos sem passar pelo Ministério da Saúde e do Meio Ambiente.
8. Demarcação de terras indígenas (PEC 215/2000): retira do executivo a prerrogativa de realizar a demarcação das terras, tornando as populações indígenas ainda mais vulneráveis aos poderes regionais. Prevê indenização dos proprietários de terras em todos os casos e estabelece a perda da demarcação se a população indígena não estiver fixada antes de 1988.
9. Fim do direito de greve dos servidores (PLS 710/2011 — Senado; PLS 327/2014 — Senado; e PL 4.497/2001 — Câmara): ataque, sem precedentes, ao direito de greve, retirando dos servidores um de seus principais instrumentos na luta por salários dignos.
10. Regulamentação da terceirização sem limite (PL 4.302/1998 — Câmara, PLC 30/2015 — Senado, PLS 87/2010 — Senado): precarização das relações de trabalho, permitindo que as empresas contratem funcionários terceirizados em suas atividades-fim e abrindo caminho para a reforma trabalhista, cujo objetivo é rasgar as garantias da CLT.

A reforma da previdência ainda não está na pauta, mas deverá entrar brevemente. Posso prever, no entanto, que militares e juízes ficarão de fora. Um governo ilegítimo, sem voto, só retira direitos dos mais fracos.

09 de maio de 2016

## A massa da coxinha é feita de manobra

Ela vestiu a camisa da CBF, reverenciou o pato amarelo da Fiesp, tirou foto com policial militar e foi às ruas lutar contra a corrupção.
 Dois meses depois, viu a formação de um novo governo pela TV.
 Estranhou que a maioria dos novos ministros fosse réu ou investigado no STF. Estranhou que não houvesse mulheres no primeiro escalão. Estranhou os cabelos acaju dos homens de terno amontados no salão nobre do Planalto.
 Não entendeu como o presidente da Câmara continuava no poder. Ficou surpresa com as quatro citações ao quase vice-presidente da República no inquérito da Lava Jato. Espantou-se com sua desenvoltura na imprensa.
 "Onde está o juiz?", perguntou, enquanto o super-herói recebia homenagens em Nova Iorque.
 Abriu um espumante para assistir ao resto do *Jornal Nacional*. O sorriso do Cunha continuava o mesmo. O implante do Renan continuava o mesmo. As contas na Suíça continuavam quase as mesmas. "Quase" porque surgiu uma conta nova, em Liechtenstein, de um quase investigado: o sujeito do aeroporto de Cláudio, do escândalo de Furnas e do helicóptero da coca.
 Olhou para estante da sala. Não havia livros sobre 1964. Não havia livros sobre Getúlio. Não havia livros da Hannah Arendt. Não havia livros.
 O que havia eram pequenos bonecos infláveis, máscaras de juiz, bandeirinhas do Brasil e adesivos do MBL. Além, é claro, do enorme pato amarelo que custou uma fortuna na Avenida Paulista.

Os olhos arregalados do pato a assustaram.
Levantou do sofá num pulo afoito, revoltada.
Correu para a cozinha. As panelas estavam guardadas, mas não sabia onde. Gritou pela empregada.
— Pois não, patroa.
— Dá pra fritar umas coxinhas?
— Claro. É pra já.
— Mas, dessa vez, coloca um recheio.
— Por quê?
— Tô cansada dessa massa.

13 de maio de 2016

# O ministro da Justiça é a nova mãe Dinah?
# (Ou a Polícia Federal perdeu autonomia?)

Ontem à tarde, o ministro da Justiça, Alexandre de Moraes, estava em Ribeirão Preto, cidade do ex-ministro Antonio Palocci, quando deu a seguinte declaração:
— Essa semana vai ter Lava Jato. Ao verem, vocês vão lembrar de mim.
Quando o dia amanheceu, Palocci estava preso. Seria muita ingenuidade acreditar em coincidência. E o próprio ministro da Justiça zomba do país quando afirma que só soube da operação hoje pela manhã.
Das duas uma: ou o ministro Alexandre de Moraes incorporou os poderes da mãe Dinah ou está mentindo. E se a segunda hipótese for confirmada, ele não pode permanecer como ministro. Aliás, nem deveria ter tomado posse, já que foi advogado do PCC e secretário de Segurança em São Paulo, onde ficou conhecido pela truculência com que comandou a polícia.
O mais grave deste episódio é que o ministro da Justiça mostra que a autonomia da Polícia Federal, conquistada nos governos Lula e Dilma, está perdida. Pode-se fazer todo tipo de crítica ao ex-ministro José Eduardo Cardozo, menos que ele tenha interferido nas investigações da PF. Prova disso é que membros de seu próprio partido foram presos durante a sua gestão. O mesmo não se pode dizer de Alexandre de Moraes. Daqui pra frente, tudo passará por seu crivo seletivo.
Para piorar, a declaração de ontem ocorreu durante um evento de campanha do PSDB, o que dá mais munição para os que defendem a

tese de que a Lava Jato tem como alvo prioritário os integrantes do PT, deixando de fora os outros partidos.

Se o ministro da Justiça continuar a interferir na Polícia Federal, seu caráter eminentemente político ficará cada dia mais evidente e isso significará a completa perda de credibilidade da operação Lava Jato. Terão razão os que acreditam que as ações do juiz Sergio Moro têm como único objetivo inviabilizar a candidatura de Lula e a cassação do registro do PT?

As gravações de Sérgio Machado e as premonições de Alexandre de Moraes parecem dizer que sim.

Ou, então, estamos apenas diante da volta triunfal de mãe Dinah, a vidente mais famosa do país.

26 de setembro de 2016

# Não há provas contra Lula, só pedaladas jurídicas

Não se trata de defender ou atacar o ex-presidente. O que está em jogo nos processos contra Lula é o próprio estado democrático de direito, vilipendiado em seu princípio mais elementar, o de que todos são inocentes até que se prove o contrário.

Se tal princípio for desrespeitado — sobretudo a partir de uma falsa legitimação viabilizada pela instrumentalização da mídia —, todos nós estaremos em perigo no Brasil. Qualquer juiz ou promotor se achará no direito de acusar e condenar com base apenas em convicções, sem provas. Viveremos, se é que já não estamos vivendo, em um Estado totalitário, com viés de barbárie e perseguição.

O juiz Sergio Moro, por exemplo, já demonstrou que não tem apreço pelos trâmites legais em pelo menos duas ocasiões: quando divulgou as gravações ilegais da presidente Dilma (desrespeito ao art. 8º da Lei 9.296/96) e quando determinou a condução coercitiva do jornalista Eduardo Guimarães, exigindo que ele revelasse suas fontes (desrespeito ao art. 5º, inciso XIV, da Constituição). Portanto, não será novidade se fizer o mesmo ao condenar Lula sem a obtenção de provas.

Por isso, cabe aos magistrados responsáveis deste país — aqueles que não são midiáticos e que falam apenas nos autos — proteger a Constituição e o respeito ao devido processo legal. Em outras palavras, os magistrados de instâncias superiores precisam ter a coragem de dizer ao juiz Moro que ele não está acima das leis e que não é o super-herói construído pela mídia.

Só para exemplificar, vamos ao caso do tríplex, cuja propriedade é atribuída a Lula.

Alguém pode, de fato, afirmar que existem provas dessa propriedade? Ou a base mais forte da acusação é o depoimento de Léo Pinheiro, dono da construtora OAS, que afirma que o apartamento é do ex-presidente (apesar de não estar no nome dele)?

Vamos lembrar que Léo Pinheiro teve um acordo de delação premiada cancelado no ano passado. Em tal acordo, não mencionava Lula. Mas agora, quando tenta uma nova delação, descarrega o nome do ex-presidente com toda a força. E ainda afirma que, a mando dele, destruiu as provas que tinha. Muito conveniente, não é mesmo?

Sua palavra é, no mínimo, duvidável. E, ainda que Léo Pinheiro tivesse credibilidade, está muito clara a pressão que vem sofrendo por parte dos procuradores. (Sugiro que vejam os vídeos do coletivo de humor Porta dos Fundos sobre as delações premiadas.) Trata-se de um condenado a 23 anos de prisão sendo induzido a acusar alguém em troca da redução da pena.

Outro aspecto estranho do caso é o adiamento do depoimento de Lula em uma semana. Moro alegou que atendeu a um pedido da Polícia Federal, cujo efetivo não seria suficiente para dar segurança ao "evento". Entretanto, ele aproveitou o adiamento para convocar o réu/testemunha Renato Duque, já condenado pelo juiz, que se ofereceu para depor pela segunda vez. Novamente, podemos supor que uma mudança do depoimento de tal testemunha pode estar associada a pressões para uma possível redução de pena, mesmo que nenhuma prova seja apresentada.

O que pode e deve acontecer é a transformação do novo depoimento em um espetáculo midiático às vésperas do encontro de Moro com Lula. Mais uma vez, o juiz usará a estratégia da "midiatização instrumental", conceito criado pelo jurista Juarez Guimarães, da UFMG, para se referir a magistrados que quebram o princípio da imparcialidade do juiz a partir do vazamento seletivo e sistemático de depoimentos.

Esta é a pedalada jurídica mais utilizada por Moro. E ele não esconde seu entusiasmo pela estratégia, já que a defendeu em artigo sobre a Operação Mãos Limpas, publicado em 2004 na *Revista do Centro de*

*Estudos Jurídicos de Brasília* (n.26, pp. 56 a 62): "O constante fluxo de revelações manteve o interesse do público elevado e os líderes partidários na defensiva", escreveu Moro. E completou: "Craxi (líder político italiano), especialmente, não estava acostumado a ficar na posição humilhante de responder a acusações".

A tentativa de humilhação pública é, portanto, o pedalinho processual de Sergio Moro. Para humilhar, não precisa de provas. Bastam as acusações, o circo e a condução coercitiva da cognição do público.

Por último, deixo registradas as cinco perguntas que viralizaram nas redes sociais nos últimos dias. Respondam com sinceridade a cada uma delas e pensem sobre este processo.

1. Se Marcelo Odebrecht diz "não posso provar" e Léo Pinheiro diz "destruí as provas", existem provas contra o Lula?
2. Se eu juntar dois recibos de pedágios indo pro litoral de São Paulo, posso afirmar que sou dono de um tríplex no Guarujá?
3. Quem consegue colocar 13 milhões "em espécie" dentro de uma pasta também consegue colocar 5 elefantes dentro de um fusca?
4. Por que Léo Pinheiro destruiu provas contra o Lula e não destruiu provas contra ele mesmo?
5. Por que a OAS deu 70 milhões pro Cabral, 60 milhões pro Cunha, 50 milhões pro Aécio, 45 milhões pro Temer — tudo com provas documentais — e pro Lula só deu a reforma de um tríplex (sem provas)?

Quando se trata de processo penal, nós ultrapassamos todos os significados da expressão kafkaniano.

Aliás, Kafka teria um cenário muito melhor para seu livro se vivesse no Brasil temerário de 2017.

E ainda poderia passear de pedalinho pelos Grandes Lagos de Atibaia.

03 de maio de 2017

## Se a luta é entre Moro e Lula, quem é o juiz da luta?

As capas das revistas *Veja* e *IstoÉ* desta semana já indicavam como o palco seria montado e resumiram, intencionalmente, a farsa processual conduzida pelos jaspions de Curitiba. Ambas mostraram um combate entre o ex-presidente Lula e o juiz Sergio Moro, como se fossem rivais disputando o cinturão da Associação Mundial de Boxe. Curiosamente, Lula vestia as cores do PT e Moro vestia as cores do PSDB. Coincidência?

Não precisamos de uma análise semiótica para entender as imagens. Elas reproduzem o pensamento de boa parte da sociedade, cuja percepção não é a de um julgamento, mas a de um embate. Uma percepção que, aliás, é alimentada pelo próprio Sergio Moro em palestras, entrevistas e, principalmente, no vídeo que publicou na véspera do depoimento do ex-presidente, pedindo para os "apoiadores" da Lava Jato não comparecerem ao tribunal. Ali, ele definiu claramente seu campo semântico, que é o do "nós contra eles", um maniqueísmo rasteiro que inviabiliza sua imparcialidade como magistrado e confirma a tese veiculada nas capas das revistas.

Como escrevi na semana passada, Moro usa a estratégia da "midiatização instrumental", construindo-se como um super-herói em luta contra o mal para, assim, obter o apoio da classe média bestializada. É por isso que a imagem da luta de boxe entre o juiz e o ex-presidente foi recebida com tanta naturalidade pelo público.

O problema mais do que óbvio é que se o juiz é um rival, não pode julgar a luta. Neste caso, só há duas opções: ou muda-se o juiz ou cancela-se a luta. Como nada disso aconteceu, o que vimos ontem foi uma farsa jurídica.

Vamos, então, destrinchar essa farsa a partir de seis fragmentos:

Fragmento 1: a farsa das provas

> MORO: Tem um documento aqui que fala do tríplex...
> LULA: Tá assinado por quem?
> MORO: Hmm... A assinatura tá em branco...
> LULA: Então, o senhor pode guardar, por gentileza!

A obrigação do Ministério Público é fornecer provas contra o réu. Essa é a única maneira de se condenar alguém respeitando o devido processo legal. Moro não tinha provas de que Lula é o dono do tríplex. Aliás, as únicas provas materiais indicam que a OAS é a verdadeira dona do imóvel. Daí essa tentativa amadora de empurrar um documento sem assinatura como se fosse uma prova.

Fragmento 2: a farsa do desvio de foro

> MORO: O senhor não sabia dos desvios da Petrobras?
> LULA: Nem eu, nem a imprensa, nem o senhor, nem o Ministério Público nem a PF. Só ficamos sabendo quando grampearam o Youssef.
> MORO: Mas eu não tinha que saber. Não tenho nada com isso.
> LULA: Foi o senhor quem soltou o Youssef e grampeou. O senhor deve saber mais do que eu [referindo-se ao escândalo do Banestado].

Neste trecho, Moro trata Lula como chefe de uma organização criminosa. Ele até pode achar isso e já ter feito um pré-julgamento a partir do PowerPoint infantil do procurador Dallagnol (que não deu as caras ontem), mas esta ação está no STF, não em Curitiba. Ou seja, será julgada em outro foro.

Os objetos do interrogatório de ontem eram o tríplex e o armazenamento do acervo presidencial, nada mais. Portanto, ao desviar o assunto para a Petrobras, Moro passou por cima do código de processo penal.

E nem vou falar sobre o escândalo do Banestado.

Fragmento 3: a farsa do desvio de assunto

> MORO: E sobre o sítio em Atibaia?
> LULA: Quando chegar o processo de Atibaia, eu terei o prazer de responder a verdade absoluta sobre aquele sítio. Agora acho que é importante resolver o problema do tríplex.

É uma farsa muito parecida com a anterior. A diferença é que a ação sobre o sítio em Atibaia também está na primeira instância. Entretanto, são inquéritos separados. Mesmo que exista ligação entre os casos, Moro novamente atropelou o processo penal ao perguntar sobre esse assunto.

Fragmento 4: a farsa do conjunto da obra e da moralidade

> MORO: O senhor não se sente responsável por tudo que aconteceu na Petrobras?
> LULA: Não.
> MORO: E por que o senhor mudou de ideia sobre o Mensalão?

\* \* \*

> LULA: O vazamento das conversas da minha mulher com meus filhos foi o senhor quem autorizou.

É a mesma farsa usada no julgamento de Dilma, já que até Michel Temer admite que ela não foi condenada pelas pedaladas fiscais. Novamente, na falta de provas sobre o objeto da ação, o "juiz" Moro muda de assunto e tenta imputar outras responsabilidades ao ex-presidente, perguntando por que ele emitira opiniões contraditórias sobre o mensalão ao longo do tempo.

Além disso, as perguntas também têm cunho moral, o que é uma tentativa (com o perdão da redundância) de desmoralizar o depoente, novamente passando por cima do processo legal. Mas Lula devolve a questão moral ao perguntar sobre o vazamento dos grampos.

Fragmento 5: a farsa midiática

>    LULA: Esse julgamento é feito pela e para a imprensa.
>    MORO: O julgamento será feito sobre as provas. A questão da imprensa está relacionada à liberdade de imprensa e não tem ligação com o julgamento.

* * *

>    MORO: Saíram denúncias na *Folha de S.Paulo* e no jornal *O Globo* de que...
>    LULA: Doutor, não me julgue por notícias, mas por provas.

Nesta farsa, Moro garante que não julgará Lula pela imprensa, mas várias de suas perguntas são baseadas em notícias veiculadas em jornais. E também há a instrumentalização midiática já mencionada no começo do texto.

Fragmento 6: a farsa da cordialidade

>    MORO: Senhor ex-presidente, preciso lhe advertir que talvez sejam feitas perguntas difíceis para você.
>    LULA: Não existe pergunta difícil pra quem fala a verdade.

* * *

>    MORO: Esse documento em que a perícia da PF constatou ter sido feita uma rasura, o senhor sabe quem o rasurou?
>    LULA: A Polícia Federal não descobriu quem foi? Não? Então, quando descobrir, o senhor me fala, eu também quero saber.

Apesar de dizer que não tem nada de pessoal contra o ex-presidente, tentando mostrar uma (falsa) cordialidade, Moro faz perguntas com a nítida intenção de intimidar Lula. Ou de jogá-lo nas cordas, como se realmente estivessem na luta descrita na capa da revista *Veja*.

O problema (para Moro) é que este é o campo de Lula e ele responde às intimidações do juiz com fortes insinuações. A que transcrevi acima está clara, mas há outras duas, mais sutis, que definem o combate:

1) LULA: Doutor Moro, o senhor já deve ter ido com sua esposa numa loja de sapatos e ela fez o vendedor baixar 30 ou 40 caixas de sapatos, experimentou vários e, no final, vocês foram embora e não compraram nenhum. Sua esposa é dona de algum sapato só porque olhou e provou os sapatos? O senhor sabe tudo que a sua esposa faz?

A última pergunta poderia ser um recado sobre o escândalo da APAE no Paraná. Se Moro sabe tudo que a esposa faz, seria cúmplice nesse caso.

2) LULA: Eu queria lhe avisar: se esses que me atacam tiverem sinais de que serei absolvido, prepare-se: os ataques ao senhor serão até mais fortes.
MORO: Eu já estou sendo atacado.

Soa o gongo.
Luta empatada.
Ou não, já que o juiz é uma das partes.

11 de maio de 2017

# A morte e a morte do jornalismo brasileiro

Diante das mudanças estruturais por que passa o jornalismo na atualidade, é preciso revisar os conceitos que o definem e tentar compreender que novas habilidades são necessárias para a sua prática eficaz. Neste artigo, vou me ater aos conceitos, deixando a reflexão sobre as habilidades para outra oportunidade.

A maioria dos teóricos defende o argumento de que a profissão constitui uma forma de conhecimento da realidade e não um campo de batalhas ideológicas, o que, a princípio, parece uma interpretação correta, cuja meta é privilegiar a objetividade como característica fundamental do jornalismo. Entretanto, gostaria de contextualizar tal linha de raciocínio e propor novas considerações.

Para começar, é preciso não confundir forma de conhecimento da realidade com espelho dessa mesma realidade. Ou seja, não acreditar na ingênua visão de que as páginas do jornal refletem fielmente os acontecimentos cotidianos, sem qualquer interferência em sua construção. Os mesmos "teóricos do conhecimento" afirmam que o máximo que se pode conseguir é uma aproximação, pois nem a ciência é capaz de atingir a verdade e a objetividade total.

Quero, então, defender a ideia de que o jornalismo participa da construção social da realidade, e isso é muito mais do que um simples instrumento para conhecê-la. Em outras palavras, é no trabalho da enunciação que os jornalistas produzem os discursos, que, submetidos a uma série de operações profissionais e pressões sociais, constituem o que o senso comum das redações chama de notícia. Entre a infinidade de fatos apurados pelos jornalistas só alguns serão publicados ou veiculados, levando em consideração critérios como a característica do veículo, suas rotinas de produção e a própria presunção de quem é o seu público. Portanto, estamos distantes da hipótese do espelho descompromissado da realidade.

No jornalismo, a objetividade não surgiu para negar a subjetividade, mas sim para reconhecer a sua inevitabilidade. Seu verdadeiro significado está ligado à ideia de que os fatos são construídos de forma tão complexa e subjetiva que não se pode cultuá-los como expressão absoluta da realidade. Pelo contrário, é preciso desconfiar desses fatos e propor um método que assegure algum rigor ao reportá-los.

Foi com esse espírito que foram criadas as técnicas do lide e da pirâmide invertida na virada do século XIX para o XX. Elas substituíram o jornalismo opinativo pelo factual, priorizando a descrição objetiva dos fatos. Conforme deixou claro o jornalista americano Walter Lippmann, que sistematizou essas técnicas no livro *Public Opinion*, "o método é que deveria ser objetivo, não o repórter". Claro que o método também se tornou enfadonho, chato, desinteressante, e abrigou cores pastel, como afirmou Tom Wolfe. Daí meu interesse pelo jornalismo literário e, mais radicalmente, pelo Gonzo, conforme deixo claro em um livro sobre o assunto, publicado em 2006 pela editora Contexto.

Volto, então, à hipótese do jornalismo como campo de batalhas ideológicas, descartada pela teoria contemporânea. Não se trata da simples ideia conspiratória de manipulação deliberada das notícias em favor desta ou daquela visão política de mundo. Tudo é muito mais complexo, pois a produção de notícias é planejada como uma rotina industrial, com procedimentos próprios, limites organizacionais e, principalmente, consumidores exigentes. Mas até eles podem ser enganados, mesmo que as normas jornalísticas tenham muito mais importância do que preferências pessoais na seleção e filtragem de notícias.

Se, como venho argumentando ao longo deste texto, a objetividade surge porque há uma percepção de que os fatos são subjetivos, então também podemos concluir que eles são mediados por indivíduos com interesses, carências, preconceitos e, inclusive, ideologias. Nesse sentido, o tal campo de batalhas ideológicas talvez não possa ser totalmente descartado, mesmo que amenizado por um conjunto de procedimentos.

Este é um paradoxo cuja eficiente administração caracteriza o que se pode chamar de bom jornalismo. Entretanto, não é o que acontece no Brasil atualmente.

No dia 31 de agosto de 2016, uma presidente da República, democraticamente eleita por 54 milhões de votos, foi deposta por um congresso corrupto e conspirador. A Constituição brasileira prevê que o impeachment só ocorra caso seja comprovado o crime de responsabilidade do presidente. Isso não só não ocorreu como foi escondido na grande imprensa, que estava engajada em dar poder ao vice conspirador.

A imprensa brasileira construiu uma narrativa para esconder o golpe de Estado que aconteceu no país. Não precisou manipular, bastou contar com os procedimentos organizacionais dos profissionais da redação, conforme as sistematizações propostas por Warren Breed, que vê nas recompensas simbólicas (prestígio social, reconhecimento etc.) recebidas pelos repórteres e editores o incentivo inconsciente para que sigam as políticas editoriais sem sequer precisarem de orientação superior.

Foi a primeira morte do jornalismo.

As principais emissoras do país embarcaram na missão de derrubar a presidente. E contaram com a ajuda dos jornais de circulação nacional e das revistas semanais de informação. Mas todos — jornais, revistas e TVs — não fizeram isso assumindo um lado. Fizeram construindo uma narrativa de que o golpe não existiu, de que se tratou apenas de um procedimento legalmente constitucional.

Foi a segunda morte do jornalismo.

No momento, a imprensa brasileira se crê adepta da teoria do espelho. Vende a ideia de que reproduz a realidade, mas, na verdade, é ela que a constrói, dando voz exclusivamente aos que compactuam com sua narração dos acontecimentos. Não há profissionais e veículos capazes de fazer o contraditório. Não há imersão profunda. Não há colhões, como diria Hunter Thompson em seu jornalismo gonzo.

Vivemos num estado de exceção e a imprensa o apoia.

É a prova de que, no Brasil, pode-se morrer três vezes na mesma encarnação.

27 de setembro de 2016

## Devemos Temer Cunha e Bolsonaro

Não falta uma vírgula no título da coluna. No atual contexto, temer é verbo, não é substantivo, e se tornará o infame trocadilho de uma época. De fato, devemos temer essas outras duas figuras cujas carreiras sintetizam a precariedade de nosso sistema político.

Eduardo Cunha foi presidente da Telerj na década de 1990, por indicação de Collor. Em seguida, presidiu a Cehab e, posteriormente, passou a exercer forte influência em Furnas, de onde brotam listas de políticos beneficiários de propinas, entre eles o principal líder da oposição, o senador Aécio Neves.

Após as investigações da operação Lava Jato, ninguém pode negar que houve corrupção nos governos do PT. Tampouco se pode negar que os esquemas começaram em governos anteriores, o que, obviamente, não pode ser usado como argumento para absolver qualquer pessoa. Entretanto, o único político que já é réu no processo instaurado no Supremo é Eduardo Cunha. Além disso, responde no Conselho de Ética por ter mentido a seus pares sobre as contas que mantém na Suíça.

Diante dos fatos, fica muito difícil explicar como tão dileto cidadão continua como presidente da Câmara, com a capacidade de se tornar vice-presidente caso o impeachment seja aprovado. E, ainda por cima, que seja ele o comandante do processo, cujo início aconteceu como retaliação e estratégia para fugir dos holofotes, sem clareza sobre o crime de responsabilidade, como manda a Constituição.

Os que se aliam a Eduardo Cunha correm o risco de entrar para a história como seus cúmplices. Não importam os motivos. Os fins não justificam os meios. Vale lembrar que, além das acusações de corrupção, Cunha também foi responsável pela pauta legislativa mais retrógrada das últimas décadas. Direitos trabalhistas podem ser perdidos. O estatuto da família avança com seu conteúdo homofóbico. A flexibilização do estatuto do desarmamento pretende transformar o país em um filme de faroeste. E eu poderia citar outros 52 projetos de lei que vão na mesma direção.

Cunha representa a falência da política, como mencionou o ministro do STF, Luís Roberto Barroso, em uma palestra recente, sem saber que estava sendo gravado. E aí reside um risco ainda maior: na ausência da política abrimos espaço para falsos salvadores da pátria. É onde entra o segundo grande temor para a democracia brasileira: as ideias defendidas pelo deputado Jair Bolsonaro.

Bolsonaro tinha sua base de votos em setores militares. Mas, nos últimos anos, ampliou a parcela de admiradores entre os que se dizem desencantados com a política e pregam a volta da ditadura. O deputado já agrediu uma colega em plenário, declara abertamente sua homofobia e não demonstra qualquer respeito pela democracia, chegando a afirmar que a ditadura instaurada em 1964 nunca existiu.

Ontem, uma colunista conhecida chamou Bolsonaro de bisonho. Não vou usar o mesmo adjetivo, embora seja merecido. O botão de alerta já foi pressionado. Os problemas do país não se resolvem com o impedimento da presidente. E o mesmo vale para o caso de o processo ser barrado na Câmara.

No final das contas, nem governistas nem oposicionistas terão o que comemorar. Não há um projeto de poder alternativo. Não há uma proposta de governo sendo elaborada por juristas, acadêmicos e outros setores representativos da sociedade. Não há novas ideias em debate.

O que vemos no horizonte são patos de borracha financiados pela Fiesp, fanáticos de extrema direita e a camisa da CBF no dorso impávido do presidente da Câmara. Os três parecem em harmonia e muito bem alinhados diante de todas as pautas que devemos Temer no país.

04 de abril de 2016

## Governo Temer passa a tesoura nos programas sociais

O presidente interino Michel Temer garantiu que não mexeria nos programas sociais. A presidente eleita Dilma Rousseff alertou que haveria cortes. Após seis dias de governo interino, temos os seguintes fatos:

- O novo ministro da Saúde, Ricardo Barros, disse que o acesso à saúde pública não é um direito universal e prevê revisões no SUS. Quando era deputado, Barros propôs um corte de R$10 bilhões no Bolsa Família. Sua campanha eleitoral foi financiada por planos privados de saúde.
- O novo ministro das Cidades, Bruno Araújo, já revogou a construção de 11.250 casas do programa Minha Casa Minha Vida.
- O novo ministro do Desenvolvimento Social, Osmar Terra, pretende fazer um corte de 10% no Bolsa Família.
- O novo ministro da Educação, Mendonça Filho, anunciou que pretende cobrar mensalidades nas universidades públicas. Seu partido entrou na justiça contra as ações afirmativas do governo federal, as chamadas cotas, responsáveis pela inserção de negros e alunos de baixa renda no ensino universitário.
- O novo ministro da Fazenda, Henrique Meirelles, defende aumento do tempo de contribuição para o INSS e idade mínima para a aposentadoria.

- O novo ministro da Justiça, Alexandre de Moraes, disse que tratará os movimentos sociais como guerrilha. Enquanto foi secretário de Segurança de São Paulo, Moraes usou a violência policial para reprimir manifestações e maquiou os números da criminalidade no estado.
- O novo ministro do Trabalho, Ronaldo Nogueira, que é pastor da Assembleia de Deus, já fala na flexibilização da CLT e defende a terceirização do emprego.

Estes são os resultados de apenas seis dias. Imaginem o que pode acontecer em seis meses?

O trocadilho de nossa época inicia sua nefasta carreira.

Há muito o que temer.

18 de maio de 2016

## Há fascismo entre as dez medidas propostas pelo MPF

Detesto dizer isso, mas o senador Renan Calheiros está certo: o Brasil flerta com o fascismo.

O presidente do Senado responde a 11 processos e, ontem, se tornou réu em um deles. Está no topo da cadeia política há três décadas, participou de quase todos os governos e, segundo delatores da Lava Jato, comandou diversos esquemas de corrupção.

Mas quando Renan se refere às 10 medidas de combate à corrupção como um flerte com o fascismo, não há como discordar. Os procuradores do Ministério Público Federal querem poderes sem limite quando propõem que as medidas se tornem leis.

Obviamente, os deputados tentaram anistiar a si mesmos quando vetaram a criminalização do enriquecimento ilícito e o aumento do prazo de prescrição para determinados crimes, entre outras decisões votadas na calada da noite. Entretanto, ACERTARAM em pelo menos três pontos.

- Vetar as provas ilícitas: se esse dispositivo passasse a valer, o MP poderia utilizar provas conseguidas de maneira ilícita desde que conseguidas de boa-fé. Ora, quem determinaria o que é boa-fé? Isso seria um soco no código de processo penal.
- Vetar a suspensão do habeas corpus: em que democracia poderíamos fazer isso? Se esse item fosse aprovado, a ditadura estaria estabelecida.

- Responsabilização de juízes e procuradores: é chamada de abuso de autoridade, mas é muito mais do que isso. Por que essas categorias estariam isentas de responder por seus erros? E não adianta dizer que já existem o CNJ e a corregedoria para esse fim. Basta lembrar que há juízes cuja condenação por corrupção é a simples exoneração com salário integral. Isso não pode continuar.

As 10 medidas passaram por críticas até de integrantes da carreira, que encaram a proposta como uma "aventura de marketing". É o caso, por exemplo, do procurador Wilson Rocha, para quem "instituições sérias, em uma democracia consolidada, não surfam ondas de popularidade. Lances de esperteza e janelas de oportunidade servem apenas para promover egos inflados e forjar salvadores da pátria, que tanto mal já patrocinaram na história da América Latina".

Para o procurador, a vaidade de Dallagnol e seu PowerPoint podem levar a um autoritarismo avalizado por um falso apoio popular. Falso porque não representa a sociedade, na medida em que a maioria da população não conhece, de fato, o seu conteúdo, forjado nos gabinetes do MP. É aí que suas palavras encontram as de Renan: "Aqui flertamos perigosamente com o fascismo, porque se flerta com o fascismo sempre que se confunde Estado e sociedade."

É onde estamos, Brasil: na pinguela para o fascismo.

02 de dezembro de 2016

## Por que uma saia provoca tanto ódio?

Em sua coluna de hoje no jornal *O Globo*, o jornalista Ilimar Franco diz que os militantes da "escola sem partido" querem convocar a diretora do Colégio Pedro II, no Rio de Janeiro, para depor na Câmara. O motivo é a liberação do uso de saias para os meninos que estudam no colégio. Segundo os "militantes" (aspas muito necessárias), o uso da saia é uma doutrinação de esquerda.

Oi?

Não se espante, caro leitor. Vale lembrar que um dos arautos da tal "escola sem partido" é o ator Alexandre Frota (aquele que foi recebido pelo ministro da Educação no primeiro dia do governo Temer), cuja principal habilidade, segundo seus últimos filmes, não é exatamente a concatenação de ideias. Os mesmos filmes que indicam o que esse movimento quer fazer com a educação brasileira. Como já escrevi nesta coluna, uma escola sem pensamento crítico está condenada ao vazio, à repetição de fórmulas e à formação de robôs, não de cidadãos.

E o que a saia tem a ver com isso?

É a pergunta que deveria ser feita aos fundamentalistas religiosos que comandam a comissão especial da Câmara criada para analisar o projeto, e que convocaram a diretora do colégio. Hoje, o presidente da comissão, o deputado Marcos Rogério (DEM-GO), anunciou o deputado Flavinho (PSB-SP) como relator da proposta que pretende proibir a "doutrinação ideológica" nas escolas. Flavinho exerce seu primeiro mandato e, segundo informado pela assessoria, foi missionário da comunidade católica Canção Nova por 27 anos.

Os três deputados escolhidos para vice-presidentes da comissão especial são o pastor Eurico (PHS-PE), primeiro vice; Lincoln Portela (PRB-MG), segundo vice; e Hildo Rocha (PMDB-MA), terceiro. É a bancada da bíblia no comando. A mesma bancada que vai ouvir a diretora do Colégio Pedro II sobre o uso de saias. A bancada comandada pelo retrógrado Marco Feliciano.

E o que o Bolsonaro tem a ver com isso?

A maior aliada da bancada da bíblia é a bancada da bala, comandada adivinha por quem? Pois é, ele mesmo. O deputado que homenageou o torturador Ustra e que responde no Conselho de Ética por esse ato, com grandes possibilidades de perder o mandato. Bolsonaro e Feliciano são unha e carne. Suas bancadas votam juntas, somam deputados. Uma aprova os projetos da outra, numa espiral de retrocesso que está nos levando de volta ao século XIX.

E o que podemos fazer contra esse retrocesso?

Resistir, denunciar, agir. Pressione os deputados, visite escolas, converse com seus vizinhos. No meu caso, como professor de uma universidade federal, resistirei com um gesto simbólico, em solidariedade à imensa comunidade do Colégio Pedro II.

A partir de hoje, usarei saia em várias de minhas aulas. E incentivarei meus alunos a entrar no debate. Isso não é doutrinação, é conscientização.

Todo resto é censura.

20 de outubro de 2016

## Quem puxa o gatilho da homofobia?

No fim de semana, um atirador matou 49 pessoas na boate gay Pulse, em Orlando, nos Estados Unidos. Leia alguns dos comentários da reportagem do *Extra* sobre o massacre. Respire. Leia novamente.
"Pena que o atirador morreu sem antes receber uma medalha."
"Na hora de socorrer, muito cuidado com o sangue. Tem muita AIDS."
"Socorrer? Tem que tacar fogo nessa imundice."
O massacre foi em Orlando. Os comentários são de brasileiros. Mas não há distância quando o assunto é homofobia. Assim como existe uma cultura do estupro, evidenciada pelos relatos de mulheres que, diariamente, sofrem violência sexual no Brasil e em várias partes do mundo, também existe uma cultura da homofobia, cuja evidência não está apenas nos comentários acima. Ela está, principalmente, na apatia de quem os lê sem indignação, nos atos criminosos contra a comunidade LGBT e na disseminação do ódio feita por personagens públicos como os deputados Jair Bolsonaro e Marcus Feliciano.
Se você apoia uma dessas figuras, não se iluda, há sangue em suas mãos. Na engrenagem da intolerância, o gatilho nunca é puxado por uma única pessoa. O respaldo social potencializa a raiva, lustra a arma, coloca a munição.
Mais uma vez, recorro ao conceito de "narcisismo das pequenas diferenças", explorado por Sigmund Freud nos textos "Psicologia de grupo" e *O mal-estar na civilização*. Para Freud, a civilização, sob o império da lei, é a responsável pela inibição da agressividade humana, que é uma expressão narcísica do ego. No entanto, tal narcisismo agressivo rompe

a barreira do recalque e se manifesta publicamente quando incentivado por líderes que se supõem acima da lei (e, portanto, da civilização) ou quando avalizados por um grupo que recorre a pequenas diferenças em relação ao outro para justificar a barbárie.

Os seguidores de Bolsonaro e Feliciano seguem essa lógica e dão vazão aos recalques narcísicos atacando as diferenças de grupos que elegem como rivais. Daí a constante referência agressiva a homossexuais, negros e feministas. Em muitos casos, tal referência esconde algo ainda mais profundo: um desejo reprimido de ser o outro. Por isso, considero muito provável a hipótese de que ambos, Bolsonaro e Feliciano, usem a violência contra grupos LGBT como forma de reprimir seu próprio desejo homossexual.

No caso do atirador em Orlando, a polícia já descobriu que ele era frequentador da boate gay e tinha relações homossexuais frequentes. Tentou-se inventar uma motivação religiosa para o ataque, mas o fato é que ódio ao próprio desejo foi a mais provável justificativa para os atos de barbárie que ele cometeu.

Se você concorda com os comentários da reportagem, só me resta uma pergunta:

Qual é a sua justificativa, (e)leitor?

15 de junho de 2016

## Dez fatos que demonstram o fim da democracia no Brasil

O historiador Jean Lacouture, expoente da Escola dos Anais, na França, dizia que os jornalistas roem as avelãs dos fatos com muita intensidade, sem tempo para a digestão.

Pode ser. Nossa indigestão com o que acontece diariamente no Brasil do desgoverno Temer precipita a interpretação. Mas, se o papel da história é prover o antiácido, acredito que, neste caso, ele será ineficaz.

Mesmo no curto prazo histórico não é difícil perceber que o estado democrático de direito não está vigorando no país desde o dia 12 de maio de 2016, quando os golpistas tomaram conta do Palácio do Planalto.

De qualquer forma, selecionei cinco fatos da segunda semana de janeiro de 2017 (avelãs roídas com calma?) e outros cinco mais recentes para comprovar a tese do título.

Eles demonstram que, ao contrário do que prega a imprensa brasileira, as instituições não estão funcionando.

Em janeiro:

- Um oficial de justiça vai entregar uma intimação ao presidente do Senado, Renan Calheiros. Renan o deixa horas esperando e não recebe a intimação.
- Outro oficial de justiça vai à casa de 700 famílias pobres em SP. Está acompanhado pela tropa de choque da PM. Moradores são humilhados e expulsos.

- A PM Paulista apresenta como justificativa para a prisão do ativista Guilherme Boulos uma interpretação tosca da já vilipendiada teoria do Domínio de Fato.
- Um delegado da Lava Jato afirma à revista *Veja* que o "timing" para prender Lula passou, confessando que a existência ou não de provas não tem a menor importância.
- O reitor e uma estudante da UFRJ são processados pelo Ministério Público por terem se manifestado contra o impeachment de Dilma Rousseff.

Em fevereiro e março:

- Um juiz do Supremo cansa de dar entrevistas antecipando votos sobre temas que ainda irá julgar, ferindo a lei da magistratura e a própria Constituição Federal.
- O mesmo juiz, que é presidente do Tribunal Superior Eleitoral, visita constantemente o palácio de um réu que ele mesmo irá julgar. O réu é um presidente da República ilegítimo.
- Um juiz de Curitiba é constantemente visto em eventos de natureza empresarial acompanhado dos adversários políticos de um réu que irá julgar. Também participa do lançamento de obras contrárias ao réu e lhe atribui, em linguagem direta, a autoria de fatos ilícitos, ainda que a título de informação. (Nem vou mencionar a liberação dos grampos ilegais para a imprensa porque foi no ano passado.)
- O Ministério Público quer impor à sociedade um pacote de medidas que inclui a restrição do habeas corpus e a validação de provas ilícitas.
- O Legislativo faz seu papel ao analisar e emendar as medidas contra a corrupção propostas pelo MP. O STF invalida o trabalho legislativo e manda o projeto voltar para a Câmara com o texto original, sem a interferência dos deputados.

Estes são apenas 10 fatos simples, elencados por um jornalista. Deixo as avelãs da interpretação para os historiadores. Daqui a 20 ou 30 anos talvez tenham a correta digestão desses fatos.

Talvez até encontrem um nome para esse período:
GOLPE.

09 de março de 2017

## Temer faz a blindagem da blindagem

Na tarde de ontem, Temer anunciou que os ministros denunciados pelo STF serão afastados provisoriamente e os que se tornarem réus serão demitidos.

O anúncio foi feito para blindar a nomeação de Moreira Franco como ministro, cujo objetivo, admitido até por integrantes do governo, foi garantir foro especial para o Angorá, apelido pelo qual Moreira é citado nas delações da Odebrecht.

O que a imprensa finge ignorar é que afastar ministros só após a denúncia é ineficaz por duas simples razões:

1. Se o ministro for afastado, o processo vai para a primeira instância, a não ser que o afastamento seja através de uma licença, o que ainda garante o foro privilegiado. Além disso, a PGR demora, em média, um ano, para oferecer denúncia a delatados na Lava Jato.
2. Se o ministro for deputado e mantiver o foro após o afastamento, o tempo médio entre o oferecimento da denúncia e o aceite do STF, tornando-o réu, é de um ano e meio.

Ou seja, em ambos os casos o procedimento levará quase o tempo de mandato que ainda resta a Temer, se o TSE não abreviar sua presidência.

Enquanto isso, continuaremos com um ministério formado por enrolados na operação Lava Jato, cuja revisão no STF caberá a um magistrado indicado pelo próprio Temer, que é citado 43 vezes em apenas uma delação.

O primo (Eliseu Padilha), o careca (José Serra) e o Angorá (Moreira Franco) respiram com alívio e zombam do Brasil.

Na cara dura, Temer estabeleceu que, no governo dele, nenhum ministro será derrubado pela Lava Jato.

E a imprensa fecha os olhos.

Segue o golpe midiático-parlamentar.

14 de fevereiro de 2017

## A ONU ignora Temer

Em sua estreia como orador na assembleia geral da ONU, Michel Temer fez questão de dizer que o Brasil vive uma estabilidade política extraordinária. O simples uso do adjetivo já é uma contradição, pois o que é extraordinário não pode ser estável. Mas vamos ignorar questões semânticas e partir para os fatos.

Para começar, no mesmo dia em que Temer discursava em Nova Iorque, deputados tentavam aprovar a anistia do caixa dois em Brasília, numa manobra parlamentar executada entre véus noturnos. E, apesar da fracassada tentativa, o ministro que faz a articulação política do governo, Geddel Vieira Lima, disse que é favorável à anistia desse tipo de crime. Ou seja, jogou Temer para dentro do problema.

A "estabilidade" continuou a dar sinais poucas horas depois, com a ameaça de 20 governadores de decretar estado de calamidade pública para pressionar a União a renegociar suas dívidas. E o Palácio do Planalto prosseguiu nesse caminho com as declarações do ministro da Saúde contra a PEC do limite de gastos. Tudo calmo, favorável e estável.

Nos Estados Unidos, Temer não foi recebido por Obama, mas fez uma visita ao vice-presidente Biden, o que não significa nada, embora seja muito simbólico. Afinal, presidentes eleitos pelo voto só recebem presidentes eleitos pelo voto. E nem vamos mencionar aquele estranho atraso de Obama na assembleia da ONU, o que evitou o encontro com o "líder" brasileiro e a consequente foto para os registros. Tudo tranquilo e estável.

Durante as entrevistas em solo americano, Temer garantiu que não houve golpe, demonstrando que ainda precisa conquistar legitimidade perante a comunidade internacional. Enquanto discursava na ONU, as delegações de seis países abandonaram o plenário. Pode-se dizer que algumas delas o fizeram por questões ideológicas, mas esse rótulo não se aplica à Costa Rica, cujos motivos foram explicitados em uma nota diplomática que manifestava a preocupação com a quebra da normalidade democrática no Brasil.

Quando voltar a Brasília, Temer poderá vivenciar sua extraordinária estabilidade ao ver as manifestações que se multiplicam pelo país. Ao discursar, esfregará as mãos de forma sistemática e usará uma mesóclise para falar das reformas que foram jogadas para o ano que vem, já que não há consenso em sua estável base parlamentar.

É possível que a mão direita apresente sinais de sudorese ao ler a carta enviada por Eduardo Cunha no final de semana. Nesse caso, recomenda-se usar a mão esquerda para queimar o envelope ou dar foro privilegiado para o Moreira Franco.

Todavia, não há motivos para se preocupar com a delação do ex--deputado. Ela será extraordinariamente franca, completa e estável.

O Brasil é o país da estabilidade. Aqui, nada muda.

21 de setembro de 2016

# Cenas de estupidez dominical

(Alerta: as cenas abaixo são reais e podem causar náuseas.)

CENA 1: Uma garota vestida com a camisa da CBF segue para a Avenida Paulista. As amigas a esperam no bistrô de uma rua transversal, enquanto degustam o espumante rosado na taça fina. Do alto do carro de som, um ator medíocre, estuprador confesso, brada o grito de guerra: "A nossa bandeira jamais será vermelha!"

Elas levantam as taças e respondem: abaixo o comunismo, fora corruptos! São anticomunistas, mas também poderiam ser antignomos ou antiunicórnios, não faz diferença. A repórter de um grande jornal pergunta o que é comunismo. Elas se entreolham, com desconfiança.

CENA 2: Corta para a praia de Copacabana. A câmara mostra a passeata de cima, misturando manifestantes, turistas e banhistas. Um sujeito vestido de Batman pede a volta dos militares ao poder. Duzentas pessoas o apoiam, entre elas um deputado que é réu no STF por apologia à tortura. Um menino de camisa azul explica a um repórter chileno que a ditadura brasileira jamais existiu, foi apenas invenção da mídia e dos professores de história.

CENA 3: Corta para Curitiba. Uma brilhante atriz é agredida por manifestantes. Duas mulheres a chamam de puta, mas poderiam chamá-la de atriz ou de cantora, tanto faz. No universo cognitivo das agressoras, prostituta não é profissão, é perversão. Para elas, toda artista é pervertida, logo é também prostituta, e esse é o pior dos xingamentos. Nunca perceberão a ignorância de seu silogismo. Nunca saberão o que é um silogismo.

CENA 4: O presidente interino de um país da América Latina está na sala do palácio ostentando o sorriso dominical. Na tela da TV passam as cenas anteriores. O sorriso se abre ainda mais. Close nos dentes bem polidos. Na mesinha de centro vemos uma cópia da Lei de Diretrizes Orçamentárias de 2017. As expressões "assegurar a distribuição de renda" e "fortalecer os programas sociais" estão rabiscadas com caneta vermelha.

CENA 5: Você escreve, (e)leitor.
    Corte seco para o roteirista, em close.

ROTEIRISTA: — Eu te amo, Letícia Sabatella.

1º de agosto de 2016

# Quem acidentou Teori?

A palavra "acidente" será usada conforme o significado atribuído por Temer ao massacre no presídio de Manaus. O doutor Michel é um homem culto, que escolhe bem os vocábulos e, portanto, deve ser uma referência semântica muito confiável.

Ontem, por acidente, o ministro Gilmar Mendes passou a tarde no Palácio do Jaburu com Michel Temer e Moreira Franco, dois políticos citados na delação da Odebrecht.

A assessoria de Temer informou que foi apenas um encontro entre velhos amigos, que se conhecem há 30 anos. Por acidente, um dos amigos julgará os outros dois.

Por acidente, o terceiro amigo também julgará a ação no TSE que pede a cassação da chapa que levou Temer à presidência.

Por acidente, o encontro aconteceu no dia seguinte ao enterro do juiz responsável pela Lava Jato, cuja morte em um acidente atrasará a homologação das delações da Odebrecht, beneficiando, por acidente, Temer e seus ministros.

Por acidente, Michel Temer é mencionado 43 vezes nessa delação.

Por acidente, o senador Romero Jucá disse que Teori era um cara fechado naquela gravação feita pelo Sérgio Machado, quando foi perguntado se poderia achar alguém para interferir na operação Lava Jato.

Por acidente, previsto na Constituição, quem indica o substituto de Teori é Michel Temer.

Por acidente, é o Senado que homologa a indicação.

Por acidente, um terço dos senadores está sob investigação e/ou responde a processos no STF. A maioria é do PMDB, que, por acidente, é o partido de Temer.

Por acidente, a bancada do PMDB defende que o novo ministro do STF seja contrário à prisão imediata de condenados em segunda instância.

Por acidente, um dos beneficiados dessa decisão seria Eduardo Cunha, cuja delação, por acidente, envolve Temer, Jucá, Padilha, Moreira e quase todo o primeiro escalão do governo.

Por acidente, o ministro Teori Zavascki, relator da Lava Jato no STF, entrou em um avião de pequeno porte, durante uma tempestade, com destino a um aeroporto precário.

Por acidente, o avião caiu e o ministro morreu.

Ainda não sabemos quem acidentou Teori.

23 de janeiro de 2017

## Peço perdão a Luís de Camões

Meu estimado poeta,
   Não sei se vos informaram, mas o maior prêmio literário de língua portuguesa hoje leva o vosso nome. Anualmente, o melhor entre nós recebe a honraria cujo patrocínio é dividido entre o Estado brasileiro e o Estado português. Em 2013, foi o moçambicano Mia Couto. No ano passado, a portuguesa Hélia Correia. E, neste ano, o brasileiro Raduan Nassar.
   No lugar onde estás há de haver uma biblioteca e, certamente, já conheces as linhas vibrantes de *Lavoura arcaica* e *Um copo de cólera*. Portanto, nem preciso dizer que o prêmio foi merecido. Raduan não é apenas o melhor escritor brasileiro vivo, é também um homem íntegro e politicamente ativo, embora muito reservado. Daí a razão de precisarmos ouvir suas palavras quando se manifesta.
   Pois foi exatamente o que ele fez durante a cerimônia do prêmio. Manifestou sua indignação contra um governo ilegítimo e reacionário, protestou contra a indicação de um sujeito truculento para a suprema corte do país e resumiu o golpe parlamentar que está causando a maior crise institucional de nossa história.
   Transcrevo uma parte de seu discurso:

"Sr. Embaixador, muito obrigado a Portugal.
   Infelizmente, nada é tão azul no nosso Brasil.
   Vivemos tempos sombrios, muito sombrios: invasão na sede do Partido dos Trabalhadores em São Paulo; invasão na Escola Nacional

Florestan Fernandes; invasão nas escolas de ensino médio em muitos estados; a prisão de Guilherme Boulos, membro da Coordenação do Movimento dos Trabalhadores Sem Teto; violência contra a oposição democrática ao manifestar-se na rua. Episódios todos perpetrados por Alexandre de Moraes.

Com currículo mais amplo de truculência, Moraes propiciou também, por omissão, as tragédias nos presídios de Manaus e Roraima. Prima inclusive por uma incontinência verbal assustadora, de um partidarismo exacerbado. Há vídeo atestando a virulência da sua fala. E é esta figura exótica a indicada agora para o Supremo Tribunal Federal.

Os fatos mencionados configuram por extensão todo um governo repressor: contra o trabalhador, contra aposentadorias criteriosas, contra universidades federais de ensino gratuito, contra a diplomacia ativa e altiva de Celso Amorim. É um governo atrelado ao neoliberalismo com sua escandalosa concentração da riqueza, o que vem desgraçando os pobres do mundo inteiro.

Mesmo de exceção, o governo que está aí foi posto, continua amparado pelo Ministério Público e, de resto, pelo Supremo Tribunal Federal.

Prova da sustentação do governo em exercício aconteceu há três dias, quando o ministro Celso de Mello, com suas intervenções enfadonhas, acolheu o pleito de Moreira Franco. Citado 34 vezes numa única delação, o ministro Celso de Mello garantiu, com foro privilegiado, a blindagem ao alcunhado Angorá. E acrescentou um elogio superlativo a um de seus pares, o ministro Gilmar Mendes, por ter barrado Lula para a Casa Civil, no governo Dilma. Ou seja: dois pesos e duas medidas."

Como podeis ver, meu caro poeta, o escritor fez questão de agradecer ao vosso embaixador, cujo papel magnânimo de saudar a língua portuguesa foi o que de mais nobre tivemos na cerimônia. Ali sim estava um homem de Estado, ao contrário do ministro da Cultura de nosso governo interino, que ofendeu a todos os brasileiros ao dizer que Raduan não deveria aceitar o prêmio.

É por isso que rogo o vosso perdão, Luís de Camões.

Perdão por termos um ministro que acha que os escritores devem se calar diante das injustiças.

Perdão por termos um ministro que pensa que o prêmio é do governo e não do Estado.

Perdão por termos um ministro que não entende a cultura.

Perdão por termos um NÃO ministro de um NÃO governo em uma NÃO democracia.

Perdão, Luís de Camões.

Estamos no Brasil de 2017 e "o fraco rei faz fraca a forte gente".

Mas vamos nos levantar. O que tínhamos a temer está perto do fim.

Abraços lusitanos.

20 de fevereiro de 2017

## Não falo mais de política

Nas próximas semanas não falarei sobre política.
Não falarei sobre a queda de Geddel. Não falarei que tráfico de influência é crime. Não falarei que Michel Temer cometeu esse crime ao cuidar do interesse imobiliário de Geddel. Não falarei que isso é simples e objetivo, muito diferente de uma pedalada. Não falarei que é caso de impeachment.
Vamos falar sobre literatura.
O novo romance de Luciana Hidalgo se passa em 1968, entre as barricadas de Paris e a repressão militar nas ruas do Rio de Janeiro. O título, *Rio-Paris-Rio*, sugere uma ponte aérea semântica entre as cidades e os personagens. Trata-se de uma história de amor, como são quase todas as boas histórias, mas o pano de fundo são as inquietações de uma geração atordoada com os acontecimentos políticos da época.
Todavia, como esta coluna não trata mais de política, vamos nos fixar na história de amor.
Maria e Arthur são dois jovens brasileiros que se conhecem em Paris, pouco antes das manifestações de maio de 1968. Ele é um artista de rua e ela estuda filosofia na Sorbonne. Juntos, vivenciam sentimentos contraditórios como pertencimento e exílio, beleza e horror, violência e paz. Mas é justamente nas contradições que encontram os significados que os unem na ponte semântica entre as duas cidades.
Autora premiada com dois Jabutis, Luciana Hidalgo é uma narradora talentosa, capaz de nos envolver na história e no cenário com a mesma maestria. O leitor termina o livro com a sensação de que a cidade-luz é

a sua própria cidade e com a certeza de que as angústias do casal poderiam ser as suas: "... nenhum fiapo de verbo os socorre. Sequer adjetivos cortejam substantivos. Os dois têm, juntos, um instante de parênteses abertos, nunca preenchidos."

É nessa sintaxe muda e prolongada, como escreve Luciana, que os tempos se entrelaçam. Poderíamos estar diante do golpe militar do século passado ou do golpe parlamentar deste ano. Não importa. Habitamos as transversais narrativas de nossas histórias e não temos nenhum controle sobre elas.

Para Maria e Arthur, o primeiro de abril de 1964 acaba em 30 de setembro de 1979. No Brasil atual, ainda não sabemos quando acabará o 12 de maio de 2016. Mas não vamos perguntar.

Afinal, a coluna não trata de política.

Nem de crimes.

Só de literatura.

Bravo, Luciana!

25 de novembro de 2016

## Como pode ser golpe? — cinco argumentos nas coxas

Nos últimos dias, os argumentos para negar o golpe se infantilizaram de tal forma que obrigam o colunista a ser o mais didático possível.

Então, vamos diretamente às perguntas dos céticos de camisa amarela:

Como pode ser golpe se o STF acompanha tudo?

Os ministros do Supremo agem politicamente. Gilmar Mendes, por exemplo, dá entrevistas e opiniões sobre casos que ainda vai julgar, o que é proibido pela lei da magistratura, além de se posicionar como se pertencesse a um partido.

Teori não teve coragem para prender Renan, Jucá e Sarney quando o pedido foi feito pela PGR, após a divulgação das gravações em que eles tramam o fim da Lava Jato.

E posso citar diversos outros exemplos atuais, mas volto na história para lembrar que o STF também conferiu legalidade ao golpe de 1964.

Como pode ser golpe se a TV está transmitindo?

Se este não é o mais ingênuo dos argumentos, talvez seja o mais ignorante. Há até comentaristas fofinhos(as) que o utilizam. Só que o golpe é parlamentar, não precisa de tanques aparecendo na telinha. A TV pode transmitir o rito e ignorar a substância, deturpar o mérito.

Como pode ser golpe se a Dilma foi ao Senado e legitimou o processo de impeachment?

Por esse critério, Ulisses Guimarães também legitimou o golpe de 1964, já que o PMDB estava no parlamento e participou de eleições durante a ditadura militar. Dilma foi ao Senado como combatente, assim como todos os parlamentares que lutam contra o golpe a partir das tribunas.

Como pode ser golpe se Dilma teve amplo direito de defesa?
Vários réus condenados injustamente tiveram amplo direito de defesa. Nem precisa ser cristão para se lembrar disso. Basta citar o caso Dreyfus ou o julgamento de Sócrates. De que adianta a defesa se os julgadores são políticos e já têm opinião formada contra o réu?

Como pode ser golpe se o impeachment está previsto na Constituição?
Nem vou repetir o argumento de que não há crime de responsabilidade e, portanto, a Constituição está sendo rasgada. Qualquer pessoa de boa-fé admitirá, no mínimo, que há dúvidas sobre a caracterização das chamadas pedaladas como crime. E *In dubio pro reo* [em dúvida, a favor do réu] é a garantia mínima de justiça.

O colunista se despede.
"Como pode ser golpe se ele continua escrevendo?", é o que perguntam (ou recomendam) nos comentários.

30 de agosto de 2016

# Cenas de 1968 na ditadura de 2016

## Cena 1 — A repressão

Manifestantes ocupam as ruas do centro do Rio para protestar contra uma proposta de emenda constitucional que pode tirar mais de R$700 bilhões da saúde e da educação. São encurralados pela polícia militar em um bar. Apanham de cassetete, levam gás de pimenta na cara e sofrem os efeitos do gás lacrimogêneo.

## Cena 2 — O infiltrado

Um agente do exército se infiltra entre jovens militantes usando um correio do amor, agora chamado de aplicativo de encontros amorosos. Vários jovens são presos. As notícias sobre o agente desaparecem.

## Cena 3 — A censura togada

Um juiz de primeira instância fica insatisfeito com um artigo sobre ele publicado em um grande jornal de São Paulo. Na resposta, ele escreve que "a publicação de opiniões panfletário-partidárias e que veiculam somente preconceito e rancor, sem qualquer base factual, deveriam ser evitadas, ainda mais por jornais com a tradição e a história da *Folha*". Ou seja, o nobre togado não admite opiniões contrárias às suas.

## CENA 4 — O STF CONIVENTE

Um ministro do Supremo diz que é possível separar as contas de Dilma e Temer no processo movido contra a chapa presidencial, abrindo caminho para o morador do Jaburu continuar no poder. Um procurador federal diz que a jurisprudência consolidada do TSE nunca permitiu a separação: "a chapa é una e indivisível, portanto não há razão jurídica para mudança de entendimento". Mas este não parece ser um argumento interessante para o ministro.

## CENA 5 — O EXTERMÍNIO DA ESQUERDA

Uma grande campanha de publicidade diz que o governo vai tirar o país do vermelho. É o novo "Brasil, ame-o ou deixe-o".

## CENA 6 — O PRESIDENTE SEM VOTOS

No Japão, Michel Temer diz que as denúncias contra os ministros Moreira Franco, Geddel Vieira Lima e Romero Jucá (ministro disfarçado de senador) são irrelevantes. Aproveita para confirmar que pretende seguir no caminho do arrocho. Fá-lo-á sem qualquer respaldo das urnas, o que também parece irrelevante.

## CENA 7 — O DELATOR ABAFADO

Segundo a delação do empreiteiro Marcelo Odebrecht, R$10 milhões em dinheiro vivo foram pagos para a campanha de Temer. Do montante, parte teria ido para Eliseu Padilha, atual chefe da Casa Civil, e o restante para a campanha de Paulo Skaf, proprietário do Pato da FIESP. O Ministério Público Federal não está interessado na história.

## CENA 8 — O MEDO DAS URNAS

Um ex-presidente, líder nas pesquisas para a próxima eleição presidencial, é investigado por supostamente esconder a propriedade de imóveis. Dizem que sua prisão é uma questão de tempo. O nome dele não é Juscelino.

## CENA 9 — O POVO

O povo: esta cena foi cortada.

18 de outubro de 2016

# Eduardo Cunha explicado na escola

Imagine dois personagens em uma sala de aula. Lá na carteira da frente, isolada na esquerda, senta uma CDF que não sabe se comunicar muito bem, é antipática, se recusa a dar cola nas provas e é muito impopular. Na parte da trás da sala, senta um aluno fanfarrão, que fala alto, faz bagunça, consegue gabaritos, paga lanche para todo mundo e é popular entre os colegas.

Um dia, o inspetor da escola descobre que o aluno fanfarrão roubou o dinheiro da cantina. E, pasmem!, era com esse dinheiro que ele pagava o lanche dos amiguinhos e bancava as festas da sua galera.

As outras turmas ficam indignadas. Os pais pedem esclarecimentos. Toda a escola quer saber o que houve.

Ao investigar um pouco mais, o inspetor descobre que o fanfarrão é pior do que se imaginava, um coisa-ruim mesmo. Além do roubo, surgem histórias de fraudes, chantagens e ameaças. Um dos colegas resolve dedurar o garoto depois que ele promete acabar com a vida de seus pais, irmãos e avós.

Para se defender, o fanfarrão passa a atacar a CDF da sala, diz que o inspetor é parceiro dela e que o investigou a seu pedido.

Mesmo sem nunca ter sido amigo da garota, o fanfarrão grita que, a partir de agora, está de mal com ela, rompido mesmo. Cruza até o dedo mindinho. Todos ficam surpresos e, como não gostam mesmo daquela menina chata, passam a apoiar o fanfarrão. Quem sabe isso possa até servir para expulsar a antipática da sala?!

Então, subitamente, o assunto muda na escola. Em vez de falar sobre o roubo, todos passam a falar sobre o rompimento entre os dois e a fazer previsões sobre o que acontecerá após a briga que nunca houve.

O fanfarrão paga mais uma rodada de sanduíches para os colegas, exige a saída imediata do inspetor e, agora, também quer que as notas da CDF sejam transferidas para ele.

A galera do fundo comemora e espera pelo lanche do dia seguinte.

07 de maio de 2016

# A condução coercitiva do síndico

Numa semana, a condução coercitiva. Na outra, o pedido de prisão preventiva. Se você detesta o ex-presidente Lula, deve estar comemorando. Se você o adora, deve estar indignado. Ambos estão errados.

O erro é colocar a figura pública à frente (e não acima) da norma jurídica. Não é pelo Lula que devemos questionar a equivocada aplicação da lei, mas sim por todos nós, que estamos sujeitos à mesma legislação. Pelo direito penal, a condução coercitiva e a prisão preventiva são atos de exceção. Se virarem a regra, o Brasil é que se torna um Estado de exceção. E isso significa a morte da democracia.

Imagine que você é síndico do seu prédio e um vizinho o acuse de desviar dinheiro do condomínio. Ele vai à delegacia e presta queixa contra você. Em seguida, o delegado inicia as investigações, mas, em vez de te convidar para depor, manda uma viatura até a tua casa e te obriga a comparecer ao distrito. O que pensariam os outros vizinhos? Não acreditariam, de cara, que você é culpado e, inclusive, já está sendo preso por isso?

Agora, pense na semana seguinte. Você já voltou para casa e parece que esclareceu a situação, embora muitos acreditem que você é culpado. Então, um promotor pede a sua prisão preventiva alegando que, na reunião de condomínio, você insuflou os demais vizinhos a reagirem contra o delegado. Ele também alega que você é um risco para a ordem pública porque é um bom comunicador, fala bem e pode convocar simpatizantes para protestar em frente à delegacia. E se esses argumentos forem acolhidos pela juíza e você acabar na prisão?

Ninguém entrou no mérito das acusações, mas você já está cumprindo pena. Isso é justiça?

A melhor maneira de entender uma situação é se colocar no lugar do outro. Não importa quem ou o que é o outro.

Porque, no final das contas, o outro sempre pode ser você.

11 de março de 2016

# A Olimpíada do paradoxo

Sou amargo, admito. Meu café sem açúcar tem golpe parlamentar, lobby de empreiteiras, máfia dos transportes e Eduardo Cunha, com o perdão da redundância. Falo dos assuntos que me incomodam, sou insistente, repetitivo, não me canso de denunciar. Levanto todos os argumentos que consigo, conto a história com detalhes e, depois, ainda entro nos pormenores. Ou seja, além de amargo, sou chato.

Foi com essa amargura que iniciei meu contato com a Olimpíada do Rio. Vi as medidas higienistas da prefeitura, as remoções e o superfaturamento de obras. Em 2014, fui à Vila Autódromo, ao lado do Parque Olímpico, para ouvir o drama dos moradores que estavam sendo expulsos de suas casas em nome dos jogos. Gravei dezenas de entrevistas e dirigi o documentário *Se essa vila não fosse minha*, que foi exibido na China, na Espanha, na Itália, em Portugal, no Uruguai, na Turquia e nos Estados Unidos. Denunciei o prefeito e sua política excludente, prometi não me aproximar da Olimpíada.

Nos primeiros dias, levei moradores da Vila Autódromo ao Parque Olímpico para gravar a continuação do documentário e visitei algumas das 20 famílias que conseguiram permanecer na comunidade (eram 578). Ao ouvir novamente aquelas histórias e ao reviver os dramas e as injustiças, tive a certeza de que os esportes não mereceriam minha atenção. Mas a certeza foi pelo ralo, esvaiu-se, virou espuma de chuveiro em poucas horas. E começaram a colocar açúcar no meu café.

A primeira colher veio com a história da judoca Rafaela Silva, negra, homossexual, moradora da Cidade de Deus: a trilogia da exclusão brasileira. Como não reconhecer o que o esporte e a Olimpíada haviam feito por ela e pelo que ela representa? Rafaela me fez acompanhar os jogos com mais atenção.

Logo veio a segunda colher de açúcar. Após a cerimônia de premiação do rugby feminino, a voluntária Marjorie Enya entrou em campo à procura da namorada, a jogadora brasileira Isadora Cerullo, pediu-a em casamento, amarrou uma fita em seu dedo e a beijou apaixonadamente. Difícil não se emocionar.

Nessa altura, já estava vendo jogos de tênis de mesa, provas de levantamento de peso e até hóquei sobre grama, cujas regras nem conheço. Quando o Michael Phelps ganhou a milésima medalha de ouro e foi pra galera receber o beijo do filho de seis meses quase me rendi ao imperialismo americano. Fui salvo pela nadadora socialista Joana Maranhão, que imprimiu os comentários ofensivos feitos em redes sociais por causa de seu posicionamento político, pesquisou os CPFs dos ofensores e prestou queixa na delegacia. Ela nos lembrou o significado da palavra cidadania.

Era a senha para voltar à realidade e às críticas. Mas eis que surge a canoagem. Eis que surge o Isaquias. Eis que surge uma galera nas margens da lagoa Rodrigo de Freitas para ver um campeão de 22 anos a bordo de um objeto flutuante de poucos centímetros de largura. Três medalhas olímpicas para o garoto que veio do interior da Bahia, sem o rim da direita, para ganhar aplausos de todos os lados. Coxinhas e petralhas estavam no mesmo barco, literalmente.

O café ficou melado. Fui ao Parque Olímpico, ao Engenhão, à Casa da Jamaica, aos quiosques temáticos na praia. Vi partidas de handebol, de vôlei e de basquete. Cantei reggae com os compatriotas de Bolt. Bebi cerveja eslava. Pulei com os amigos da Malásia nas lutas de tae kwon do. Abracei os espanhóis na derrota para o *dream team*. Virei olímpico.

Na segunda-feira de cinzas, bateu a melancolia. Que saudade da festa! Critiquei o evento pela forma excludente como foi concebido, mas não resisti aos seus encantos. Este é o meu paradoxo.

Os problemas do Rio não desapareceram. A cidade partida permanece com sua lógica cruel de injustiças. O país permanece dominado por oligarcas que tomaram o poder com um golpe parlamentar. O mundo permanece na desigualdade.

Portanto, continuarei a criticar a política higienista, o prefeito boquirroto e as obras superfaturadas. Continuarei a denunciar o golpe, embora queiram proibir a palavra no dicionário da crise. Continuarei a subir o sarrafo acima dos seis metros, mesmo que seja derrubado.

Continuarei chato.

Mas já não consigo beber café sem açúcar.

Abraços olímpicos.

24 de agosto de 2016

## João Dória criou o risco-prisão para seus amigos

Quem acompanhou as eleições de 2002 deve se lembrar da disparada do "risco-país" cada vez que o então candidato Lula subia nas pesquisas. Entretanto, logo nos primeiros anos de governo, o presidente Lula tratou de acalmar o tal do mercado ao escolher uma equipe econômica afinada com os empresários brasileiros.

Já o prefeito de São Paulo, João Dória, segue o caminho inverso. Ele é o próprio mercado, a encarnação altiva dos nobres princípios liberais, um "gestor", como gosta de se autodefinir, embora esteja na política desde a década de 1980, quando foi presidente da Embratur e teve as contas rejeitadas pelo TCU, acusado de desviar recursos públicos.

João Dória gosta tanto de empresários e banqueiros que criou o prêmio "líderes do Brasil" para homenagear seus amigos. A honraria é concedida pelo grupo Lide, que pertence ao prefeito, a personalidades do topo da pirâmide social brasileiro. E, anualmente, escolhe um vencedor máximo entre seus membros, a quem concede o título de "líder do Brasil".

Em 2011, o vencedor foi o empresário Eike Batista.

Em 2012, foi o empreiteiro Marcelo Odebrecht.

Em 2013, foi o banqueiro André Esteves, do BTG Pactual.

Os três têm em comum, além do prêmio, uma vista quadrada do sol em prisões brasileiras. Eike Batista mora em Bangu 8, Marcelo Odebrecht está numa prisão federal em Curitiba e André Esteves já foi libertado, mas passou um bom tempo encarcerado.

Ou seja, involuntariamente ou não, o prefeito João Dória acabou criando o "risco-prisão" para os vencedores do prêmio criado por ele.

Como são conhecedores do mercado e do "risco-país", é muito provável que os amigos do prefeito também passem a considerar o "risco-prisão" quando forem os próximos homenageados. Já deve ter muito pescoço se encolhendo no colarinho branco para ser esquecido pelo prefeito.

Afinal, os números não mentem: o "risco-prisão" aumenta muito quando o investigado é vencedor do prêmio "líder do Brasil". A curva é constante, os gráficos são estáveis e a tendência é o cárcere.

Ah, claro, já ia me esquecendo:

Em 2016, o vencedor foi Michel Temer.

Boa semana a todos.

10 de abril de 2017

## Não vai ter conversa com o Bial

Sou um estivador de sapatilhas.

Escrevo e reescrevo todos os dias, com disciplina, cartesianamente, impondo-me um regime de trabalho como se fosse o senhor de engenho de mim mesmo. Não sou um bailarino clássico, como o Vargas Llosa, o Verissimo ou o Cony, que também trabalham muito, mas têm os pés naturalmente talhados para o ofício e mostram um talento quase mediúnico ao executar os passos mais sensíveis. Ainda assim, preciso calçar as sapatilhas para carregar os sacos de arroz que chegam ao cais do porto, porque se usasse botas não conseguiria dançar.

Quando vejo um navio, penso no balé, penso na carga que terei de suportar. Não penso nos turistas tirando fotos do transatlântico que atraca ao lado. Parece óbvio que as câmeras, se houver, estarão direcionadas para o cenário, não para o estivador. Cada saco de arroz é um flash apenas no imaginário de quem se esqueceu das sapatilhas.

*Crônicas do golpe* é um livro condenado à invisibilidade, diz um amigo, também estivador. "Se toda a imprensa diz que não houve golpe por que te dariam espaço para falar dele?", pergunta o amigo do cais. E finaliza: "Não vai ter resenha, não vai ter chamada, não vai ter conversa com o Bial."

O diagnóstico parece coerente, mas não é. Primeiramente, porque se o estivador estivesse preocupado com o flash não teria tempo de descarregar o arroz. Segundo, porque a lógica dos veículos de comunicação não é estática ou uniforme. E, terceiro, porque, na era das redes sociais e blogs literários, há diversas outras maneiras de fazer o livro chegar ao leitor.

Houve um tempo em que o livro só deslanchava se o autor desse entrevista ao Jô Soares. Estive no programa do Gordo duas vezes e, de fato, as vendas aumentaram. Mas a conversa sobre os livros não chegou a 10% do tempo da entrevista. Jô sempre enveredava por outros assuntos, criava situações e deixava o autor tão à vontade que ele acabava se esquecendo do livro e entrava na pauta conduzida pelo apresentador. O Gordo usa sapatilhas francesas com tecido austríaco e linhas de um tear sertanejo.

Pedro Bial usa outro tecido, mas mantém as linhas do sertão de Rosa. Já foi camaleão na poesia, correspondente na guerra e grande irmão no auditório. Acumula sapatilhas e essa é sua grande vantagem. Meu editor esteve lá na segunda semana do programa. Trata-se de um indivíduo assumidamente conservador, de direita. No entanto, foi o primeiro a se entusiasmar com um livro do sujeito assumidamente de esquerda. Vai ter conversa com o Carlos, sempre teve. E na conversa dele com o Bial vimos que as convergências importam muito menos que a boa discussão e o bom humor.

Houve um golpe parlamentar no Brasil. Esta é a ideia central do livro, baseada em argumentos sólidos, que podem e devem ser contestados. Mas não dá para ignorar as gravações do Sérgio Machado, o acordo com o Supremo, a suruba do Jucá ou a entrevista do Temer confirmando que Dilma caiu pelo conjunto da obra e não pelas supostas pedaladas fiscais. No mínimo, deveria haver comentaristas com opiniões divergentes em todos os programas jornalísticos do país. Principalmente em um momento em que se discutem reformas tão importantes, como a trabalhista e a da previdência.

O modelo não é novo. Bastaria pesquisar o que Gore Vidal e William Buckley fizeram na televisão americana na década de 1960, atualizar o formato e colocar no ar. Vidal deixava clara sua orientação política de esquerda e Buckley a de direita. O princípio básico, portanto, era assumir o lugar de falar, permitindo que o público soubesse que as opiniões tinham uma matriz ideológica. As divergências são muito mais produtivas do que o consenso forjado e tornam qualquer debate muito mais interessante.

Entre 2013 e 2015, fui comentarista do *Estúdio I*, na GloboNews. O programa abrigava debatedores de espectros diametralmente opostos. Discordávamos em quase tudo, sempre muito bem mediados pela brilhante Maria Beltrão. Mas não assumíamos nosso lugar de fala, embora o público percebesse a inclinação de cada um. O fato é que não bastava perceber, o público merecia saber, ou seja, merecia receber essa informação abertamente, sem eufemismos. O modelo Vidal/Buckley cairia muito bem ali.

Devo dizer ao meu amigo que haverá conversa, haverá embate, haverá discussão.

O estivador carrega o saco de arroz no ombro esquerdo, mas quer debater com quem usa o ombro direito. Talvez a gente chegue à conclusão de que a melhor maneira é equilibrar a carga na cabeça, com o pescoço firme e as mãos livres.

O importante é não esquecer a sapatilha.

11 de maio de 2017

# A tomada do Palácio pelo inverno

Quinta-feira, 12 de maio de 2016.

José da Silva Catalão, copeiro do Palácio do Planalto, chega cedo ao serviço. Há um deserto em cada corredor no caminho do vestiário. Os seguranças de plantão olham para a tela da TV sintonizada em um canal de notícias. A imagem mostra o painel de votação do Senado Federal. Catalão ignora a cena e segue seu rumo. No armário, estão o smoking preto, a camisa branca e a gravata borboleta que compõem seu uniforme de trabalho. Quando retorna pelo corredor em direção à copa passa novamente pela TV. São seis e meia da manhã. O placar do Senado registra 55 votos favoráveis e 22 contrários ao afastamento da presidente Dilma.

Aos 52 anos, Catalão trabalha há oito como garçom do gabinete presidencial. O bom humor é sua marca, um contraste com o clima pesado do terceiro andar do palácio, onde são tomadas as decisões mais importantes do país. Quando Lula era presidente, o garçom escondia o dedo mindinho da mão esquerda na hora de servir o café, imitando o chefe, que respondia com gargalhadas e palavrões. Com Dilma, o tratamento é mais formal, mas ele é um dos poucos funcionários que consegue arrancar um sorriso da presidente no meio de uma reunião de trabalho.

Catalão foi oficial do exército. Da formação militar herdou a disciplina, a pontualidade e a forma de cumprimentar seus colegas. Bate continência para todos que encontra pelo caminho, de porteiros a ministros, sem distinção. O primeiro que chega ao palácio é o assessor de imprensa da presidência, o jornalista Rodrigo de Almeida. Bom dia, doutor. Bom dia, Catalão. O copeiro abaixa a mão que fazia a continência militar e acrescenta:

— O inverno está chegando, doutor.

A frase chama a atenção de Rodrigo, homem culto, com doutorado em ciências políticas e grande apreciador de seriados americanos. Ele imagina Catalão como espectador da série *Game of Thrones*, embora o garçom nunca a tenha visto. Ainda assim, é uma ótima metáfora para o momento do país. A frase está sempre lá, na boca dos personagens do reino do norte, em quase todos os episódios da série: o inverno está chegando.

Nas aulas de ciências políticas, Rodrigo estudara a tomada do palácio de inverno pelo povo durante a Revolução Russa. Mas o que vê agora é uma inversão da lógica popular revolucionária. Em poucas horas, o palácio onde trabalha é que será tomado pelo inverno. Um longo inverno, representado pelo presidente mais conservador dos últimos 20 anos e por um ministério exclusivamente branco e masculino.

Rodrigo é um pensador utópico, não militante, sem filiação partidária. Quando faz referência mental ao evento histórico do século passado apenas exercita a verve intelectual. Antes de trabalhar com Dilma, foi assistente do ministro da Fazenda, Joaquim Levy, de orientação política diametralmente oposta à da presidente. Aos 40 nos de idade, Rodrigo sabe que o exercício do poder dilui as ideologias. Direita e esquerda parecem convergir para o mesmo ponto, sem diferenças. O que sobra é a utopia.

O assessor de imprensa chega ao seu gabinete para revisar o discurso da presidente. Não deve ter um tom de despedida, mas de até breve. Há um golpe em andamento, não é possível que o país inteiro esteja cego. Rodrigo já esvaziou as gavetas, recolheu os objetos pessoais e limpou o computador. Aguarda a chegada dos ministros de Estado e da comitiva presidencial.

Jaques Wagner é o primeiro. Em seguida, chegam Aloizio Mercadante, Kátia Abreu, Edinho Silva, Izabella Teixeira e Eleonora Menicucci, ministra da Secretaria de Políticas para as Mulheres. Aos 71 anos, socióloga e professora da Universidade Federal de São Paulo, Eleonora dedicará os doze meses seguintes a viagens pelo país para denunciar o ataque do governo Temer às conquistas femininas. No décimo segundo mês será condenada a indenizar o ator Alexandre Frota por danos morais, após chamá-lo de estuprador.

A juíza que assina a sentença, Juliana Nobre Correia, confunde os objetos em sua decisão. Eleonora se refere a um programa de TV em que o ator confessou ter estuprado uma mulher desacordada. A juíza faz referência a uma visita de Frota ao ministro da Educação de Temer, o herdeiro de capitania Mendonça Filho. O golpe é em todas as mulheres, desabafa a ex-ministra, após a condenação.

Quando Dilma entra no palácio, Eleonora já está à sua espera. Os cabelos brancos, levemente ondulados, marcarão as demais cenas do dia. Ela estará ao lado da presidente em todos os momentos. Dilma recebe a intimação do Senado, Eleonora está ao seu lado. Dilma discursa no salão do palácio, Eleonora está ao seu lado. Dilma fala para os militantes do lado de fora, Eleonora está ao seu lado.

Os comentaristas de TV preferem destacar o semblante cansado do ex-presidente Lula, em segundo plano, durante o discurso de Dilma na frente do Planalto. Mas é a pequena Eleonora que domina o quadro. O olhar altivo, firme, de quem cumpriu sua missão, é um contraste flagrante com o que acontecerá horas depois, no momento em que a horda machista de Temer invadir o lugar.

O espaço de tempo entre a saída de um grupo e a chegada de outro é de poucas horas. Enquanto os auxiliares de manutenção preparam a sala onde Michel Temer tomará posse como presidente interino, José Catalão ajeita o uniforme de garçom para receber os convidados da cerimônia. Foi dele a responsabilidade de servir o último café para a presidente eleita, pouco antes do discurso de despedida.

— Tchau, Catalão. Infelizmente, não posso levar você comigo — disse Dilma.

O copeiro sentiu os olhos marejarem. Lembrou-se da bronca que tomou quando os queijos especiais da dieta ravenna, produzidos com 98% de leite, desapareceram da geladeira particular da presidente. Nos finais de tarde, aquela era a única refeição permitida pela dieta, mas ele não reparou no assalto à copa presidencial comandado por uma assessora faminta. Como você deixou isso acontecer, Catalão? Não sabia responder. Espremeu meia dúzia de laranjas e serviu no lugar do queijo. Ganhou um muito obrigado com o canto da boca, sem entusiasmo.

Catalão não entende a lembrança emocionada. Nunca morreu de amores por Dilma. Tampouco tem preferência política ou partidária. Seu ofício é servir o presidente, seja ele quem for. Inclusive já havia servido o próprio vice nos momentos em que ele assumiu o Planalto, durante as viagens da titular. Não seria diferente agora.

Aos poucos, o terceiro andar vai ficando lotado. Dois outros copeiros carregam bandejas com refrigerantes e café para os visitantes que se acotovelam pelos corredores. Catalão desfere duas ligeiras batidas na porta do gabinete presidencial e entra sem esperar pela resposta. Michel Temer está de pé, sozinho, olhando para o teto. Mandara chamar o garçom, mas não ouviu as batidas. Ao ver o homem negro à sua frente, ele se assusta e recua na direção da janela blindada.

— O que deseja, senhor presidente?

Temer não responde. Durante alguns segundos, esfrega as mãos em movimentos circulares e apenas encara o copeiro. Em seguida, aponta o dedo médio e o indicador para a porta, balançando o punho de baixo para cima, quatro vezes seguidas, rapidamente.

Catalão entende o gesto e se retira do gabinete. Pela televisão do corredor, acompanha a chegada dos ministros que tomarão posse. O quadro vai se formando na tela com absoluta nitidez. Na sala onde a cerimônia é realizada estão dezenas de homens brancos, de meia-idade, com ternos caros e gravatas finas.

Nenhuma mulher no novo ministério.
Nenhum negro.
Nenhum representante de minorias.
O inverno está chegando.

\* \* \*

Sexta-feira, 13 de maio de 2016.

Primeiro dia de trabalho do governo interino de Michel Temer. O vice-presidente, agora no exercício da presidência da República, caminha pelo gabinete do terceiro andar do palácio. São passos lentos, ritmados, em contraste com o tique nervoso nos lábios que o faz balbuciar palavras inaudíveis. As mãos jogadas para trás amassam o paletó italiano durante a caminhada em volta da mesa de mogno, que está quase vazia. Apenas duas pessoas contemplam a cena, em silêncio. Uma é a chefe de gabinete, Nara de Deus. A outra é o coordenador de Infraestrutura, Moreira Franco.

Nara tem 48 anos, veste um tailleur azul-marinho sobre a camisa social branca e tem os cabelos iluminados por uma tintura parcial em tons de amarelo. Trabalha para Temer desde 1997, quando o chefe se tornou presidente da Câmara dos Deputados, após suceder a Inocêncio de Oliveira e Luís Eduardo Magalhães. Ela também foi assessora dos dois presidentes anteriores, sempre se destacando pelo excelente trânsito entre os parlamentares, que a tratam com uma mistura de intimidade e respeito. Nascida em João Pinheiro, no interior de Minas Gerais, Nara é formada em Serviço Social, frequenta uma igreja evangélica e é a caçula de 12 irmãos. Nos últimos sete meses, perdeu 33 quilos ao seguir a mesma dieta da presidente eleita Dilma Rousseff. Nos registros do Tribunal Superior Eleitoral, seu nome aparece como administradora da campanha de Temer em 2014.

Moreira Franco tem 71 anos, veste um terno escuro no mesmo tom da gravata e tem os cabelos completamente brancos, como se acabassem de sair de um comercial de sabão em pó. Foi deputado federal por três mandatos, ministro de Estado e governador do Rio de Janeiro de 1987 a 1991. Começou e encerrou sua carreira eleitoral na cidade de Niterói, região metropolitana do Rio, onde foi prefeito de 1977 a 1982 e onde disputou sua última eleição, em 2004, quando desistiu de concorrer contra Godofredo Pinto no segundo turno. Nos últimos 12 anos, viveu nas sombras de Temer, ocupando cargos indicados pelo vice durante os governos do PT. Nos registros do PMDB, seu nome aparece como presidente da Fundação Ulysses Guimarães. Nos registros policiais, o nome de seu ex-professor particular de Educação Física aparece envolvido no sequestro do publicitário Roberto Medina, ocorrido em 1990, quando ainda era governador.

Nara e Moreira esperam o presidente interino sair do transe. Não podem adivinhar os pensamentos dele, mas imaginam palavras em latim ou poemas parnasianos. Até brincam com as idiossincrasias do chefe, rabiscando frases no caderno de rascunhos que ela carrega:

*Verba volant, scripta manent* [As palavras voam, os escritos permanecem]. A famosa epígrafe da carta para Dilma, escrita no final do ano anterior, é lembrada. Nenhum dos dois ri. Apenas aguardam, ainda em silêncio. Respeitam a formalidade, seguem o protocolo.

Temer se aproxima da mesa, olha para a cadeira da presidência e se acomoda lentamente, saboreando o momento. Ao se sentar, apoia os cotovelos no espaldar e junta os dedos das mãos em forma de concha, outro tique nervoso muito conhecido por seus assessores. A primeira pergunta é direcionada à chefe de gabinete.

— Quem está aí fora?

Do lado de fora, nos corredores do palácio, circulam dezenas de deputados e senadores. Entre eles, Lúcio Vieira Lima, do PMDB da Bahia, que foi um dos líderes do impeachment na Câmara. Lúcio procura o gabinete do irmão, Geddel Vieira Lima, novo ministro da Secretaria de Governo, que fica no quarto andar. Por engano, acaba entrando na sala da assessoria da Casa Civil. O telefone toca. Ele mesmo atende.

— Palácio do Planalto, boa tarde.

Lúcio conversa animadamente com o interlocutor. Tira a caneta prateada do bolso, pede um pedaço de papel à recepcionista e anota o recado. Ao desligar, dá uma gargalhada sonora, enchendo o ambiente. Sente-se em casa, está à vontade. O palácio tem novos velhos donos, caciques de longa data na política brasileira, coronéis de castas centenárias. A família Vieira Lima é uma dessas castas.

Não é a primeira vez que Geddel ocupa um ministério. No governo Lula foi titular da pasta da integração nacional entre 2007 e 2010, depois de passar os quatro anos anteriores criticando o primeiro mandato do petista. Entrou na cota do PMDB, partido ao qual se filiou em 1990 e pelo qual se elegeu deputado federal por cinco vezes. Na Câmara, foi líder de bancada, presidente da Comissão de Finanças e primeiro-secretário da mesa diretora. Em 1993, foi um dos protagonistas do escândalo dos Anões do Orçamento, quando parlamentares foram acusados de manipular emendas, com a participação de empreiteiras, para desvio de verbas.

Baixinho e fanfarrão, Geddel parece um galo de brigas. Costuma se envolver em discussões pelas redes sociais, xinga adversários com palavrões e é metido a valente. Mas quase sempre perde as batalhas. Em 2001, um vídeo intitulado "Geddel vai às compras", divulgado pelo presidente do Senado, Antonio Carlos Magalhães, mostrou o enriquecimento ilícito de Geddel e sua família. Em 2002, foi chamado de percevejo de gabinete pelo ex-presidente Itamar Franco, então governador de Minas, numa alusão a políticos que buscam se aliar a governos em troca de cargos.

E o fato é que o ministro da Secretaria de Governo cuida, justamente, da distribuição de cargos nos três escalões da administração federal. É uma tarefa escolhida a dedo por Temer. O baiano Geddel conhece as entranhas do fisiologismo político. Está exultante com a nova função. E, finalmente, recebe a visita do irmão, que agora encontra o gabinete certo. Lúcio abre os braços, solta a casquinada e recebe o carinho de Geddel. Ainda abraçados, trocam sussurros ao pé do ouvido. No último deles, Lúcio quer saber sobre a nomeação de um apadrinhado para a diretoria da Caixa Econômica Federal. Geddel responde em um tom mais alto, entusiasmado, interrompendo o abraço.

— Vou falar agora com o Padilha.

O gabinete do novo ministro-chefe da Casa Civil, Eliseu Padilha, também no quarto andar, é o mais frequentado do palácio. Na antessala, a secretária tenta se equilibrar entre os parlamentares que aguardam uma audiência. Todos dizem que o assunto é urgente e querem furar a fila. Ela resiste como pode.

Eliseu Padilha é o ministro mais próximo de Temer. Aos 71 anos, foi prefeito de Tramandaí, no Rio Grande do Sul, entre 1989 e 1993; e deputado federal entre 1995 e 2011, mas perdeu as últimas eleições que disputou. Está ao lado do presidente interino há três décadas, sempre indicado para cargos de importância pelo chefe. Foi ministro dos Transportes do governo Fernando Henrique e comandou a secretaria de Aviação Civil no governo Dilma.

No livro *Diários da Presidência (volume 2 — 1997 a 1998)*, Fernando Henrique descreve suas impressões sobre Padilha e a trupe do PMDB: "O Sérgio Motta (PSDB) foi a uma reunião na casa do Michel Temer, numa festa, e lá o Geddel, líder do PMDB na Câmara, dizia que se o Sérgio quisesse aprovar o FEF [Fundo de Estabilização Fiscal] tinha que nomear logo o ministro. E tem que ser o Eliseu Padilha, uma coisa explícita."

Diante da pressão de Michel Temer, Fernando Henrique chega a cogitar a nomeação de Padilha para o ministério da Justiça, uma das pastas mais importantes do governo: "esse rapaz que o Temer quer [Padilha] na Justiça (...) é o fim desse sistema político corroído". FHC resiste e o nomeia para os Transportes, mas logo percebe as intenções do PMDB: "Tive uma reunião com o Padilha para discutirmos o orçamento do ministério (...). Ficou bem claro que o PMDB, não digo que se condicione, mas se motivará na votação da CPMF (...) se houver uma aprovação neste tributo que garanta recursos ao ministério dos Transportes."

Eliseu Padilha se irrita quando alguém menciona o livro de Fernando Henrique. O assunto é tabu em qualquer roda de conversa em que ele esteja. Basta o interlocutor fazer menção ao ex-presidente para deixá-lo amuado. Apesar da fala mansa e do jeito polido no tratamento, Padilha tem uma maneira peculiar de demonstrar o aborrecimento: arqueia as mãos para cima, juntando os cinco dedos em forma de concha, e ressalta o sotaque gaúcho finalizando cada frase com a mesma palavra, "pronto". Ao utilizar o vocábulo, dá o sinal de que não quer ser contrariado.

— Pronto, pronto. Vamos agora, então. Estou descendo — diz Padilha, ao telefone, para Geddel. E ambos se dirigem ao gabinete de Temer, no terceiro andar, para discutir a nomeação dos diretores da Caixa Econômica Federal.

No gabinete presidencial, o café é servido pelo copeiro José da Silva Catalão. Quando Padilha e Geddel chegam, o ministro Moreira e a secretária Nara de Deus estão comendo pão de queijo e biscoitos amanteigados. Temer oferece o café. Padilha recusa. Geddel aceita.

Catalão o serve na xícara de chá. Três colheres de açúcar, duas mexidas de leve e um gole gordo, segurando o pires com a mão esquerda, enquanto eleva a direita, com o dedo mindinho a apontar para cima.

— Esse café está gelado — reclama Geddel.

O inverno está chegando, pensa Catalão.

* * *

Terça-feira, 17 de maio de 2016

O presidente interino Michel Temer atende ao pedido do ministro Geddel Vieira Lima e nomeia o diretor da Caixa Econômica indicado pelo irmão Lúcio.

O ministro Eliseu Padilha publica a nomeação de centenas de outras indicações no Diário Oficial da União. Geddel confere tudo em suas planilhas.

Fica decidido que os empregos nas estatais serão coordenados por Moreira Franco, que recebe deputados e senadores para ouvir os nomes indicados para ocupar alguns cargos de terceiro escalão no governo.

O copeiro José da Silva Catalão é demitido.

Ele tenta uma transferência, mas não consegue.

Pede para ser realocado em outra função. Tampouco é atendido.

Não há mais nada a fazer.

O inverno chegou.

18 de maio de 2017

## Um ano depois, o rato pariu a montanha

Tem que manter isso aí, viu?

São onze horas da noite e um presidente da República está comprando o silêncio de um ex-deputado. O encontro acontece no porão do palácio, após o interlocutor ultrapassar a cancela de segurança usando um nome falso como senha. O interlocutor é um dos maiores empresários do país e carrega um gravador no bolso.

Tem que manter isso aí, viu?

O empresário informa ao presidente que faz pagamentos mensais ao ex-deputado e a um doleiro responsável por suas operações financeiras, ambos presos em uma carceragem de Curitiba. Também conta que comprou dois juízes e conseguiu infiltrar um procurador na equipe do Ministério Público que o investiga.

— Ótimo — responde o presidente.

O empresário precisa resolver pendências junto ao Conselho Administrativo de Defesa Econômica, onde trava batalha contra uma estatal sobre o preço do gás que é fornecido à sua empresa. Está disposto a pagar 5% de propina. Pergunta quem pode ajudá-lo. O presidente indica um deputado cujo gabinete funciona no Palácio do Planalto.

— Posso falar tudo com ele? — pergunta o empresário.

— Pode. Ele é da minha estrita confiança — responde o presidente.

O empresário deixa o palácio após conversar 36 minutos com o presidente. O gravador registra o começo e o fim do diálogo marcando o horário da rádio CBN. Não há cortes, não há edições.

Joesley Batista, dono do grupo JBS, sabe o poder do material que tem nas mãos. Nos próximos dias, ele negociará o acordo de delação premiada que acabará com o governo golpista de Michel Temer. Também levará à lona o senador Aécio Neves, articulador dos primeiros movimentos do golpe, logo após perder as eleições presidenciais de 2014; e o deputado Rodrigo Rocha Loures, o tal homem da estrita confiança do presidente.

Agentes da Polícia Federal seguirão o deputado pelas ruas de São Paulo, onde ele receberá uma mala com R$500 mil de propina cujas notas estão marcadas. Rocha Loures será filmado durante o trajeto.

Outra equipe seguirá o primo de Aécio Neves, Frederico Medeiros, que também recebe R$500 mil. O senador tem um motivo claro para a escolha de Frederico: "Tem que ser um que a gente mata ele antes dele fazer delação."

Frederico continua vivo.

A carreira de Aécio vira pó.

No dia 17 de maio de 2017, às sete e meia da noite, o jornalista Lauro Jardim revela toda a história. Faz exatamente um ano que Temer demitiu o copeiro do Palácio do Planalto, José da Silva Catalão. Agora é o próprio Michel que assina o aviso prévio.

Na cadeia, o ex-deputado Eduardo Cunha olha para a imagem de Temer na TV e lembra-se da frase de Danton quando ia para a guilhotina: "O que me consola, Robespierre, é que atrás de mim virá você."

No dia seguinte, 18 de maio, o presidente convoca a imprensa para dizer que não vai renunciar. Inconscientemente, repete o gesto de Richard Nixon, quatro décadas antes. Está nervoso, tenso. Não contesta as informações, apenas parte para o ataque.

Ao ouvir a gravação, Temer minimiza seu conteúdo e diz que a montanha pariu um rato. Mas parece o contrário.

O rato pariu a montanha. E é uma imensa montanha de crimes.

O Sindicato dos Jornalistas de Minas Gerais decreta o dia 18 de maio como "dia da liberdade de imprensa em Minas Gerais" por causa da prisão da irmã de Aécio, Andréa Neves, que perseguiu diversos profissionais durante os governos da *famiglia* no estado. Frederico, o primo, também é preso. O senador é suspenso do cargo.

Vejo isentões e coxinhas envergonhados em todos os lugares. Fotos de artistas e jogadores de futebol ao lado de Aécio desaparecem das redes sociais. Lembro-me dos motivos que os levaram às ruas para pedir o golpe.

Nunca foi pela corrupção.

Foi ódio de classe mesmo. Com pitadas de misoginia.

As pedaladas serviram apenas como pretexto para derrubar Dilma. Nunca serviram para condenar Temer, que fez o mesmo. Talvez porque a presidente fosse vista constantemente numa bicicleta e Temer nunca tenha andado em outro veículo que não fosse um carro importado.

Mas agora é diferente. O crime existe e foi gravado. Os ratos começam a abandonar a montanha. Leio o *Discurso sobre a servidão voluntária*, de Étienne de La Boétie, escrito na primeira metade do século XVI. O jovem Étienne diz que o tirano só governa porque há pessoas que aceitam ser governadas por ele, mas quando esta obediência voluntária cessa, cessa também o poder do tirano.

Os coxinhas se cansaram do tirano.

Não tenho a mesma certeza sobre Sergio Moro.

Nos três anos em que a operação Lava Jato foi comandada por Moro e a república de Curitiba, nenhum tucano foi atingido. E, entre os caciques do PMDB, apenas Eduardo Cunha foi preso. No final do ano passado, Cunha fez 21 perguntas a Michel Temer. Elas antecipariam em muitos meses a sua queda, mas Sergio Moro barrou todas. O dono da JBS procurou o MP de Brasília porque talvez acreditasse que Moro, mais uma vez, blindaria Aécio e Temer. E, principalmente, não deixaria que o primo e a irmã do senador, que não têm foro privilegiado, fossem presos.

Na quarta-feira, o Supremo Tribunal Federal julga o recurso do presidente para suspender o processo. Logo saberemos o que mudou no grande acordo nacional. Podemos apostar na queda do tirano que alterou o currículo do ensino médio por decreto, sem consulta à população? Podemos apostar na queda dos que defendem o neofascismo do projeto Escola Sem Partido? Podemos apostar no fim das contrarreformas que retiram direitos dos trabalhadores?

Sim e não.

O tirano cai, mas o golpe continua.

Este é o país que liberta um branco milionário condenado por corrupção e mantém preso um negro pobre condenado por porte ilegal de pinho sol.

Este é o país que usa uma projeção de PowerPoint como prova.

Este é o país do rato que pariu a montanha.

E só há uma maneira de escalar:

Diretas já!

Diretas!

Já!

22 de maio de 2017

# Posfácio

# O espírito do tempo

Os dias eram assim.

Entre o golpe contra Dilma, em 2016, e a derrocada de Temer, em 2017, as panelas voltaram para a cozinha, o pato amarelo desinflou na porta da FIESP e nenhuma camisa amarela foi vista em desfiles contra a corrupção pela Avenida Paulista, apesar das provas irrefutáveis contra a quadrilha que tomou o Palácio do Planalto. Se houve um espírito do tempo, ele foi o da apatia seletiva.

A crônica, gênero cuja etimologia deriva do grego *kronikós* (aquilo que é relativo ao tempo) pouco entende de espíritos, mas é uma despretensiosa tentativa de traduzir os eventos que formaram os dias, os dias que formaram os tempos e os tempos que formaram o tal espírito. Uma tradução sem a solenidade dos historiadores e com o rigor científico de um piloto de carrinho de rolimã.

Só que os dias eram, digamos assim, intraduzíveis, e o dicionário *Merriam-Webster* escolheu o surrealismo como a palavra do ano logo após a eleição de Donald Trump. "Quando não acreditamos ou não queremos acreditar no que é real, precisamos de uma palavra para o que parece 'acima' ou 'além' da realidade. Surreal é uma palavra assim", disse a editora do dicionário.

E se os dias eram assim, surreais, caberiam na crônica? Ou seria preciso recorrer ao ensaio, o gênero de Montaigne, cujo objetivo é interpretar, indicar e dissertar? Daqui a dez ou vinte anos, alguém poderá recorrer a este livro para entender o que aconteceu no país? Meus editores sugeriram um posfácio com informações sobre os textos, algo que situasse o leitor no contexto das metáforas e metonímias que utilizei. Mas não fui capaz de realizar a tarefa. A crônica é autônoma, não admite ser conduzida coercitivamente. O máximo que consegui foi registrar as datas de publicação dos textos.

Imagino o leitor folheando as páginas de "Dois juízes e a conta!", por exemplo, e vislumbro uma vã tentativa de entender como um réu pôde nomear os magistrados que o absolveram no Tribunal Superior Eleitoral. É impossível. Alguém se lembrará dos crimes togados de Gilmar Mendes, Napoleão Nunes, Tarcisio Vieira e Admar Gonzaga? Saberão que os juízes Henrique Neves e Luciana Lóssio foram substituídos nas vésperas do julgamento? Será que o presidente do tribunal ainda mandará a modéstia às favas? E o juiz de várzea que sequestrou um jornalista? Já terá sido desmascarado? Saberão que sua esposa criou uma página no Facebook chamada "Eu Moro com ele"?

Se não sei se as crônicas sobreviverão ao tempo, como acreditar que possam traduzi-lo? Resta-me o ceticismo amargo.

Talvez nem devesse me preocupar com tudo isso, mas como evitar?

No momento em que escrevo este posfácio, Michel Temer permanece no poder. Pela primeira vez na história do país, um presidente no exercício do cargo é denunciado pela Procuradoria-Geral da República. Os investigadores da Polícia Federal concluíram que as evidências colhidas a partir da gravação do delator Joesley Batista indicam "com vigor" que o presidente cometeu o crime de corrupção e também devem apontar para o crime de prevaricação. Além disso, a PGR se prepara para apresentar duas novas denúncias contra o presidente, uma por associação criminosa e outra por obstrução à justiça. Mas não há indignação nas ruas, somente a apatia.

E se as mesmas evidências tivessem surgido contra Dilma Rousseff?

A seletividade passeia no enredo surrealista. O mesmo Michel Temer que foi absolvido no TSE por "excesso de provas" agora planeja barrar o processo no Supremo Tribunal Federal com o voto de 172 deputados na Câmara, quase todos investigados por crimes análogos ao dele. O Brasil é "o país onde corruptos julgam corruptos", concluiu o editorialista do jornal *The Washington Post*. Mas ainda há quem defenda a permanência do vampiro, sob a surreal alegação de defesa da ordem econômica.

Os dias eram assim, hipócritas, e nosso espírito do tempo, nosso *zeitgeist* amarelo-pato, baixou em um terreiro de Brasília para propor um grande acordo nacional. Parece que ele foi aceito. Com o Supremo, com tudo.

Finalmente, estancaram a sangria.

Os dias eram assim. Havia uma série de TV com esse nome passando na Globo. Falava sobre o golpe de 1964 e a ditadura militar. A audiência ficou abaixo da média porque a maioria do público não sabia que o país passara por uma ditadura.

A amnésia é doença nacional.

Temer já era ilegítimo muito antes de ficar provado que é bandido, disse o professor Renato Galeno. E se não fosse pela apatia, pela seletividade e pela amnésia, os brasileiros perceberiam que não lhe deram o mandato para alterar o currículo do Ensino Médio por decreto, que não votaram para que a FUNAI fosse destruída, que não escolheram desfigurar a Lei do Desarmamento, que não defenderam o neofascismo do projeto Escola Sem Partido, que não apoiaram uma reforma das relações de trabalho, que não deram anuência para a mudança nas aposentadorias.

Se não fosse pela apatia seletiva, ainda teríamos Renato Galeno discorrendo sobre esses temas em rede nacional.

Mas os dias eram assim, sem referências.

O ano de 2016 começou no final de 2014, quando, inconformado com a derrota nas urnas, o senador Aécio Neves passou a agir como sabotador geral da República e organizou o golpe com Eduardo Cunha e Michel Temer. Mas, da mesma forma como as revoluções engolem seus filhos, os golpes também engolem seus pais. Em 1964, aconteceu com Carlos Lacerda, com a OAB e com grande parte da classe média em marcha pela família e pela propriedade. Em 2016/17, Eduardo Cunha foi o primeiro a ser comido, Aécio foi o segundo (como sempre), Temer aguarda a sua vez e a classe média do pato amarelo já sentiu o peso do próprio preconceito.

Os paneleiros que apoiaram o golpe contra Dilma sabem que são os responsáveis por colocar um canalha no lugar dela. Diziam não ter culpa porque votaram no Aécio, mas agora apagam as fotos com o senador e criticam o ministro do STF que devolveu seu mandato. Estão tontos, desnorteados.

Os dias eram assim, em círculos.

As crônicas do golpe mordem o próprio rabo.

# Agradecimentos e vice-versa

Almoço de trabalho.

O cartunista Aroeira anota minhas sugestões para a capa do livro, enquanto bebe o último gole de seu café expresso, servido após a marmelada da sobremesa. O traço iconoclasta ganha corpo e os personagens do golpe começam a surgir na tela. É um filme de terror, com suas clássicas caracterizações: o vampiro, a múmia, a cobra, a águia da CIA. A genialidade de Aroeira percebe na representação da espionagem americana o terror maior, aquele que se esconde nas sombras do poder. Obrigado, meu amigo. Você subverteu a lógica de que não se deve julgar um livro pela capa.

Da mesma forma, não se deve limitar um editor por suas ideias políticas. Quando sugeri a publicação do *Crônicas do golpe* para Carlos Andreazza, que é assumidamente conservador e crítico frequente das pautas de esquerda, não imaginei que compraria a ideia com tanto entusiasmo. Muito obrigado, meu editor. Este livro é a prova de que o diálogo entre campos ideológicos opostos não é apenas possível, é necessário.

Para Luiza Miranda, que acompanhou a produção de cada página, o agradecimento é pelo rigor das correções e pela paciência com o autor. Obrigado, minha editora. Obrigado por me aguentar. Você, Lívia Vianna, Bruno Zolotar e Claudia Lamego podem abrir um consultório para tratar a ansiedade. Poucos têm tanta experiência no assunto.

Almoço de férias.

Minha mulher, Karla Albuquerque, competente editora da Globonews, lê o *Crônicas do golpe* em um de seus raros dias de folga. Tão raros que parecem férias. Não concorda com algumas, discorda de outras, apoia todas. É disso que trata a parceria. Obrigado, meu amor. Obrigado pela cumplicidade, obrigado pela Maria Antônia, obrigado pela tapioca de queijo sem lactose na frigideira quebrada. Prometo caprichar no meu risoto de frutos do mar e inventar uma nova receita quando as instituições estiverem funcionando.

Luciana Villas-Boas, minha agente literária, almoça com calma. Ela mantém a classe e a sobriedade dos conselheiros da Inglaterra vitoriana. Obrigado, Luciana. Obrigado, Anna Luiza Cardoso. Obrigado pela orientação precisa, imprescindível e internacional. Obrigado por me atenderem mesmo quando interrompo as férias de vocês.

O jornalista Octavio Guedes, diretor de redação do jornal *Extra*, almoça no carro, enquanto cruza a ponte Rio-Niterói. Pelo menos é o que parece, diante das tantas funções que exerce. Acho que nunca tira férias. Obrigado pela confiança, Octavio. Obrigado pela coragem de editar uma coluna cujo título é "Contra a corrente". De minha parte, continuarei a nadar na direção indicada por ela.

Almoço de família.

Pergunto aos parentes que vestiram a camisa da CBF e seguiram o pato amarelo pela Av. Atlântica contra Dilma por que não fazem o mesmo contra Temer. Argumento que, desta vez, as provas são incontestáveis. Há gravações, documentos, malas de dinheiro e até uma confissão feita em rede nacional. A resposta é seca, recheada de hipocrisia: "Pelo bem da estabilidade econômica é melhor o Temer ficar."

A indignação seletiva é escancarada. As manifestações pela saída de Dilma nunca foram contra a corrupção. Meus parentes só confirmam o que já sabíamos: eles foram às ruas por misoginia, ódio de classe e ignorância histórica.

Ligo para a Câmara dos Vereadores do Rio. Quero falar com Tarcísio Motta. Não é o vereador que me atende, é o historiador. Procuro uma explicação para tanta hipocrisia. Ele faz um desabafo:"O ódio venceu a esperança e as pessoas não enxergam horizontes, não enxergam opções de mudança de rumo."

O professor Tarcísio me explica que, para boa parte da classe média, a dimensão simbólica do Fora Temer é o retorno de Lula. Isso assusta a pequena burguesia que foi ensinada a odiar o sapo barbudo e suas políticas de inclusão. "Em 1964, a marcha da família com Deus pela propriedade tinha o claro objetivo de evitar as reformas de base propostas por Jango. Em 2016, marcharam sob o pretexto de combate à corrupção, mas o que havia era um ódio explícito contra a ascensão social dos mais humildes", diz Tarcísio.

Obrigado, professor. Obrigado por me explicar que não precisamos permanecer reféns da hipocrisia familiar, do ódio de classe e do narcisismo das pequenas diferenças enraizado nas neuroses dos paneleiros. Obrigado por me mostrar que diversas outras famílias vivem a mesma situação.

Ainda não sei o que dizer aos meus parentes. Não estão surdos, simplesmente não querem ouvir. Não estão cegos, simplesmente não querem ver. Não estão insensíveis, simplesmente desconhecem a empatia.

Que tempos estranhos, professor.

"Tempos sem esperança, Felipe. Tempos sem esperança."

Como no romance de Gabo, são tempos de solidão. As estirpes condenadas ao último parágrafo da história tentam uma segunda chance sobre a mesa. Sirvo a macarronada diretamente da panela no almoço de domingo e ouço o ruído dos talheres no prato. Agradeço. Não sou ouvido. Agradeço novamente. Nenhuma reação. Por 100 anos seguirei agradecendo. As famílias felizes são todas iguais.

Este livro foi composto na tipologia
ClassGarmnd BT em corpo 11/15, e impresso
em papel off-white no Sistema Cameron da
Divisão Gráfica da Distribuidora Record.